墨香会计学术文库

公司债务治理效应研究
——基于债权人监督视角

Research on the Corporate Debt Governance Effect
—Based on Creditor Supervision Perspective

● 苏玲 著 ●

东北财经大学出版社
Dongbei University of Finance & Economics Press
大 连

ⓒ 苏 玲 2015

图书在版编目(CIP)数据

公司债务治理效应研究：基于债权人监督视角 / 苏玲著．—大连：
东北财经大学出版社，2015.5
(墨香会计学术文库)
ISBN 978 - 7 - 5654 - 1917 - 1

Ⅰ．公… Ⅱ．苏… Ⅲ．公司 - 债务管理 - 研究 - 中国
Ⅳ．F279.246

中国版本图书馆 CIP 数据核字(2015)第 077867 号

东北财经大学出版社出版
(大连市黑石礁尖山街217号　邮政编码　116025)
教学支持：(0411) 84710309
营 销 部：(0411) 84710711
总 编 室：(0411) 84710523
网　　址：http://www.dufep.cn
读者信箱：dufep@dufe.edu.cn

大连图腾彩色印刷有限公司印刷　　东北财经大学出版社发行
幅面尺寸：170mm×240mm　字数：162千字　印张：8 3/4　插页：1
2015年5月第1版　　　　　　　　2015年5月第1次印刷

责任编辑：李智慧　郭　洁　　　　　　责任校对：刘咏宁
封面设计：冀贵收　　　　　　　　　　版式设计：钟福建

定价：36.00元

作者简介

苏玲，1967年生，女，汉族，河南通许县人，会计学博士。现任新疆财经大学会计学院副教授，硕士研究生导师。1983年参加工作，1991年任教至今。1983年职业高中毕业；1987年考入新疆财经学院财政系，于1991年毕业并获得经济学学士学位；2002—2003年赴澳大利亚访学；2007年获得新疆财经大学管理学硕士学位；2009年赴中央财经大学访学；2012年获得中央财经大学会计学博士学位。主讲课程有财务理论与方法、财务管理、高级财务管理、财务报表分析、资产评估；主要研究方向为：财务理论与方法、公司治理、宏观经济环境与微观经济行为等。近年来公开发表学术论文10余篇，主持参与各类课题若干项，参编论著及教材4部。

前 言

公司治理研究的焦点在于如何增强投资者信心，提高信息披露的透明度，切实维护投资者利益，增加股东价值，提高企业绩效，提升企业的国际竞争力等治理问题。公司融资来源有股权资金和债权资金两部分，因此，公司治理也就可以分为股权治理和债务治理（债权治理），显然，债务治理是公司治理的一项很重要的治理机制，债权人参与治理则是债务治理的不可或缺的重要外部治理机制。公司财务理论及状态依存理论认为，债权人与股东一样，为获取一定的利益成为公司的投资者，同时也承担着一定的经营风险，因此，债权人应参与公司治理。MM理论、委托代理理论、经济民主理论、控制权理论、利益相关者理论和契约理论等也都认为债权人治理是一项重要外部治理机制。国外的大量研究已经证明了债权人参与治理的优势及其治理效应。我国关于债权人参与公司治理的理论研究与实践一直没有得到应有的肯定。1996年，我国推行的主办银行制度是债权人参与治理的实践尝试，然而该制度最终以失败告终，公司法、商业银行法、破产法等法律虽然有一定的规定支持债权人参与治理，但仍存在很多实践阻力，如银行债权人独立主体地位缺失，市场化程度较低，法律制度环境不匹配等。从国内的研究来看，大部分研究理论上承认债权人应参与公司治理，但研究结论大都认为债权人治理无效或低效，原因在于我国存在严重的政府控制、政府干预、银行与国有上市公司所有权一致、法律制度环境不完善、内部治理机制不协调、债权人搭便车、内部人控制等问题。在2008年前，我国的确存在不适宜推行债权人参与治理的因素，而近几年我国各项改革已经取得了一定的进展，改革的效果也逐渐显现出来，其中最为重要的两项改革是股权分置改革和商业银行的市场化改革。股权分置实现了全流通，打破了一股独大的现象，改变了国有控股公司政府控制的绝对地位；商业银行市场化改革推进了商业银行作为契约主体的独立市场化身份，银行债权人监督意识增强，银企关系、政企关系也都有了一定程度的改善；另外，从统计数据来看，我国上市公司债务资金的大部分来自于银行借款，银行信贷资金规模也在不断上升，同时银行的风险也增大了，因此，当前银行债权人参与治理具备了一定条件和动机。鉴于此，本书以我国2008—2010年上市公司为研究对象，研究银行债权人参与公司债务治理的效应问题。

本书首先对公司治理理论进行梳理，从中分析出各种理论对债务治理及其治理效应的理论基础，同时对国内外关于债务治理效应及债权人参与治理的研究进行回顾与综述，着重分析银行债权人参与治理的治理效应，构建研究的逻辑框架。实证分析主要从三个方面来考察治理效应：经理人代理成本、控股股东代理成本、公司业绩。以2008—2010年发行A股的上市公司为研究样本，分成非ST公司和ST公司，分别考察银行债权人监督的效应，对两类公司分别设定三个模型进行实证检验：一个是政府控制与银行监督的模型，该模型主要考察政府控制对银行监督的影响以及这两个因素对经理人代理成本、控股股东代理成本及公司业绩的影响；另一个是内部控制与银行监督的模型，该模型主要考察内部治理对银行监督的影响以及这两个因素对经理人代理成本、控股股东代理成本及公司业绩的影响；还有一个是法律制度环境与银行监督的模型，该模型主要考察法律制度环境对银行监督的影响以及这两个因素对经理人代理成本、控股股东代理成本及公司业绩的影响。

全书共分8章，各章内容如下：

第1章，导论。提出本书的主要问题，即债权人监督和公司债务治理效应的关系，分析我国当前债权人参与公司治理的环境与条件，在此基础上提出了本书的基本思路、技术路线和使用的主要研究方法；最后阐述了本书的结构安排。

第2章，理论回顾与文献综述。本章包含的主要内容有：首先，对治理理论进行回顾，主要以资本结构理论和代理理论阐述了本书的理论基础；其次，在理论推演基础上，明确有关概念，界定研究范围；最后，围绕债务治理、债务治理效应、债权人治理等国内外相关的主要研究文献进行了回顾与评述，在此基础上提出本书的逻辑框架。

第3章，主要分析我国上市公司债务治理环境。借鉴制度经济学的相关理论，分析政府控制、法律制度环境、银企关系、金融环境等对债权人治理的影响以及我国的现实环境，依据政府、法律等市场化进程指标，深入阐述了企业外部因素发挥监督作用的机理，并深入分析了内外部因素交互影响的特征。

第4至第7章，实证分析。这四章的研究内容是在前三章理论演绎的基础上进行的实证分析。第4至第6章主要研究有关国有上市公司和非国有上市公司（非ST公司）的债权人监督与债务治理效应，实证部分主要包括变量设计、模型建立，采用回归分析法、比较分析法等方法检验债权人对代理成本和公司绩效的作用。第7章主要研究ST公司的债权特征，以及债权人参与公司债务治理的效应，同时还运用比较分析法，分析债权人对ST公司与非ST公司的治理效应。这四章为第8章的政策建议提供了依据。

第8章，研究结论、政策建议及未来的研究展望。

从非ST公司的实证研究中得到以下发现：（1）政府控制并没有改变银行监督经理人代理成本的逻辑关系，在国有控股和非国有控股公司中，银行监督都具有抑制经理人代理成本的效应；在影响经理人代理成本方面，政府控制和银行监督具有一定的互补关系；法律制度环境的确有助于提高债权人监督作用的发挥，法律制度也具有抑制经理人代理成本的作用，法律环境与银行监督同样具有一定互补关系；内部治理因素较多，有些因素有利于银行监督经理人代理成本，有些反而阻碍了银行监督，有些与银行监督呈互补关系，有些则呈替代关系。（2）银行债权人监督能降低控股股东代理成本，相对于非政府控制的公司，在国有控股公司中，银行监督与控股股东代理成本的关系较强，且政府控制与银行监督具有互补效应；法律制度环境能有效降低控股股东代理成本，同时，在影响控股股东代理成本方面，法律制度环境和债权人监督有替代关系。银行监督对控股股东代理成本具有一定的治理作用，内部治理对于控股股东代理成本的治理效应不显著，在对控股股东代理成本的治理方面，内部治理与银行监督具有交互作用。（3）银行监督公司绩效没有治理效果，政府控制使债权人监督公司绩效的治理效应被扭曲得更为严重；银行监督、法律制度环境与公司绩效正相关，同时，在对公司绩效的治理方面，法律制度环境和债权人监督有互补效应。内部治理模型中，银行监督与公司绩效呈显著负相关，在对公司绩效的治理方面，银行监督与内部治理具有替代效应。

对 ST 公司的实证研究发现：（1）公司越临近被 ST 时，银行监督对经理人代理成本和控股股东代理成本的治理作用越显著，而对公司绩效的影响则越不显著。（2）相对于非国有控股公司，银行债权人在国有控股公司被 ST 前三年的治理效应相对较弱。（3）相对于非 ST 公司，ST 公司的成长性对经理人代理成本、控股股东代理成本和绩效的影响较大。

根据实证研究结果，结合公司治理的相关理论，针对我国银行参与公司债务治理存在的阻力，提出以下对策建议：（1）进一步加快政府职能转变，改善银企关系、政企关系。从实证分析结果可以看出，股权分置改革、商业银行市场化等都对我国债权人监督的治理作用产生了一定的影响。（2）完善法律制度环境。法律制度环境有利于提高债权人监督的效应，但目前我国法律制度中仍然还存在不完善的地方，没有直接赋予债权人监督应有的权限，债权人参与治理的成本较大。（3）完善银行体制，推行主办银行制度。我国于 1996 年推行的主办银行制度在改善银企关系方面发挥了一定的作用，但由于我国银行的独立市场主体身份缺失，银企之间的权利与义务不对称；信贷契约表现出弱约束企业、强约束银行，也就是说，过于强调银行的金融服务义务而忽视其监督作用。近几年，我国银行实施了股份制，独立的市场主体身份已基本确定，在目前我国公司内部人控制严重的情况下，债权人参与公司债务治理的现实选择之一就是进一步完善我国的主办银行制度。（4）加强银行债权人参与公司治理的意识。长期以来，我国银行受控于政府，这种格局淡化了债权人参与贷款企业治理的意识，必然影响其他债权人治理的意识，导致整体债权人参与治理的意识淡薄。虽然近几年银行各项改革取得了一定的效果，银行债权人参与治理的意识仍然不尽如人意，因此，应进一步强化债权人参与治理的意识。（5）加强信用契约公平性，匹配债权人与债务人的权利与义务。尽管债权人治理不仅能保障自身利益，也有利于维护中小投资者的利益，而且还能监督经理人行为，但债务人却不太愿意接受债权人治理，加之国有公司信贷行为受政府的保护，国有企业不愿意接受银行介入其公司治理，而债权人没有参与治理的相应权利，导致债权人处于被动地位。因此，应加强信用契约的公平性，使权利与义务相匹配。

作　者

2015年4月

目 录

1 导　论

1.1　研究背景

1.1.1　理论背景

公司治理机制是一个复杂适应系统，一个交互式治理系统，由内部治理和外部治理构成。研究公司治理就是研究如何维护投资者利益、提升公司价值和公司绩效等。公司治理受治理系统中内外部因素的多重影响，这些因素相互影响、相互作用，构成一个复杂适应系统。能否有效提升公司治理效应，取决于公司治理系统的完善程度，所以如何完善公司治理不仅是学术界关注的焦点，同样也是决策者渴望解决的问题。不同理论流派依据不同研究对象、不同社会经济环境，其研究侧重也有所不同，得出的研究结论也不同。Mayer（1995）就指出："从来没有哪一个争论焦点像公司治理那样，使一个向来为人们所忽略的课题成为专家和决策者日思夜想的问题……"

融资结构有股权和债权两部分构成，那么公司治理也就可以分为股权治理和债务治理（债权治理）；无论是股权治理还是债权治理，其治理方式都存在内部治理和外部治理。内部治理主要因素有控制权股东、股东大会、董事会、监事会、管理层、员工等，外部治理主要因素有政府、债权人、法律制度环境、供应商、竞争者、资本市场、产品市场等。无论从公司治理的哪个角度来看，它都是一个多因素相互作用的综合系统，是典型的复杂适应系统，也就是互动式系统或交互式系统（Interactive System of Corporate Governance）。

公司财务理论及状态依存理论认为，债权人对企业提供资金的目的是获取一定的利益，同时也面临着一定的经营风险，因此，债权人应参与公司治理。伴随着企业管理理论、公司财务理论、利益相关者理论和不完备契约理论等的发展与完善，债权人参与公司治理作为一种外部治理机制被各种理论所认可。任何一个投资者在进行投资时都要在风险和收益之间进行平衡，公司债权人作为公司债权资本的投资者参与公司治理的理论基础就是风险收益均衡理论，债权人通过均衡来实现与其他相关利益主体的利益协调。契约理论认为债权人是企业一系列契约体中的重要契约主体，由于契约是不完备的，因此，契约中的任何一方都面临着

1

一定的风险，债权人同样也面临契约风险，债权人参与公司治理就是对风险实施控制的最佳途径；经济民主理论强调经济主体应参与经济领域事务，债权人参与公司治理正是其参与投资风险控制以保护其经济利益的体现；鉴于公司债权人风险与公司风险密切相关的特征，公司债权人有必要介入或影响公司的财务和经营管理决策，以达到控制债务人经营风险、最终实现控制债权风险和获取收益的目的。

债务既有有利的一面也有不利的一面。有利的一面是可以减少股东的监督成本、约束经理人的懈怠、降低代理成本、税盾效应、增加公司价值、信息效应等，因此，债务不仅具有治理效应还有信息效应。但是，债务也有不利的一面：收益既定的情况下会减少股东的收益、增加经理层自由现金流操控量、引致过度投资和投资非效率、增加公司财务风险和破产风险，也将会使投资人利益受损等。因此，如何加强公司债务的治理，充分发挥债务的治理功能和提升治理效应，成为学术界和实务界关注的焦点。

西方学者对债权人参与公司债务治理及其效应做了大量深入的研究。1977年，Leland 和 Pyle 就指出银行债权人具有监督效应。银行能在事前筛选潜在的债务人，在事中和事后对实际债务人进行监督，这种监督贯穿于契约签订和实施的整个过程。Grossman 和 Hart（1982）指出，债权是促进经理人员努力工作的有力途径；Diamond（1984）通过债权人监督模型证实了债权人在债务治理中具有正效应；Fama（1985）的"拜托债权人（Enlist the Bondholders）"观指出，债权人（尤其是大债权人）专家式的监督可以减少股东的监督成本，并使监督更有效率；Jensen（1986）认为，债务支付约束导致公司现金流出，减少了经理层自由支配的现金流数量，可以起到减少公司投资于低效项目的可能性。Williamson（1988）研究指出，市场经济条件下，债务和股权融资实质上体现了不同的公司治理结构。Shleifer 和 Vishny（1997）认为，公司治理研究和解决的问题是股东和债权人如何按时收回投资并获得合理回报等问题；Ceremers 和 Nair（2005）、Gillan（2006）等也都认为公司治理研究中考虑的是多重公司治理机制及其如何相互影响。

国内对债权人参与公司治理的研究结论没有取得一致结论，大致形成两种结论：一是提倡债权人参与公司治理，并认为债权人治理有效；一是认为债权人治理无效。青木昌彦和钱颖一（1995）研究指出，商业银行是中国信用市场中的最大债权人，商业银行凭借专业优势和信息优势能对信贷整个过程实施监督，在保护债权人利益和债权资本安全方面发挥着重要作用，因此，公司债务治理的完善应依托商业银行。随后，债务治理的研究集中于内、外部治理机制的交互治理。郑志刚和吕秀华（2009）、张曦和周方召（2010）等研究都认为治理效应是不同治理机制交互作用、相互影响的结果。李维安（2005）则指出债权人参与公司治理能解决双重代理问题。

继 MM 理论之后，公司治理理论进入以现代公司特征为研究对象的时代，经过国内外的大量研究，逐步形成了权衡理论、委托代理理论、优序融资理论、契约理论、控制权理论等诸多理论流派。这些理论流派的研究以资本结构理论为基础，探讨股权资本和债务资本的治理作用，以及二者交互作用对公司绩效的影响问题。关于股权资本及其治理效应的研究较为广泛且已达成了共识，但对于债务治理及其作用的研究迄今为止还没有形成统一的定论，特别是对债权人参与公司债务治理以及对破产成本、代理成本、治理成本等都未能形成共识。

中国属于新兴市场转型国家①，市场失灵时有发生，其中原因很多，诸如政府控制、政府干预、误导性规制和无效司法系统、信息不对称等，阻滞了债务治理理论的研究以及债务治理作用的发挥，由于债权人的治理效应受制于其所拥有法律权力，因此，政府以及法律制度环境对债权人参与公司债务治理的影响更大。已有的关于债务治理的研究大都集中于债务的表层治理效应即财务效应上，比如对债务的税收效应研究、财务杠杆效应研究等，而对于债务的深层效应即债权人的治理效应，特别是对债权人参与举债企业债务治理以及债权人与其他方交互作用的研究则相对稀少。本书在借鉴现代财务治理理论以及国内外已有的研究成果基础上，以当前中国的现实环境为研究背景，以中国上市公司为研究样本，实证分析债权人公司治理及其效应，期望能给理论和实践提供一定的借鉴。

1.1.2　现实背景

从20世纪90年代以来，随着资本市场的不断膨胀，全球范围内出现了不同程度的金融危机，国际上一些具有很强影响力的公司都纷纷出现财务危机问题，破产、财务欺诈案、高管谋取暴利等案件不断发生，使公司治理问题成为各个领域关注的焦点，债务及其治理问题更是成为热点研究课题。

一些股权市场发达国家纷纷开始广泛关注公司治理问题，特别是公司债务治理问题。欧美国家的大部分公司高额举债的现实，表明企业认可和接受了债务资本带来的效应。财务理论认为，企业债务应当有一个合适的度，过度负债将抵消债务的优势，降低社会资源的配置效率，债务成为改善公司治理的一个有力调节工具。发达国家在债权人参与公司债务治理方面，特别是在银行债权人参与公司债务治理的实践中已经取得了一定的经验。日本的主办银行制度是银行直接参与公司经营决策，银行通过事前评估、事中参与公司经营决策、事后分析各个环节参与公司债务治理；德国的全能银行制度表现为银行债权人肩负着两种职能：商业银行和投资银行，通过持有债务人股份、担任监事、代理股票等对债务人进行

---

① 新兴市场转型国家一般特指市场经济体制逐步走向完善，经济发展速度较快，市场发展潜力大，正力图通过实施体制改革与经济发展进步而逐渐融入全球经济体系的经济体。

事中的治理；英、美等国家的债权人参与公司治理的模式是以银企之间的契约属性为主导，银行债权人通过对债务人事前评估和事后相机治理的间接方式参与公司债务治理。债权人无论是以直接方式还是间接方式参与公司债务治理，这些国家都给予一定的法律支持。换句话说，债权人参与公司债务治理必须要有法律作为保障前提。

我国的各项改革为债权人参与公司债务治理提供了一定基础。公司治理改革是从扩大企业经营自主权开始的，之后进行了政企分开的改革，即企业机制转换与政府职能转变；公司治理法律层面的改革肯定了公司制是现代企业制度的有效模式，证券监管部门为改善上市公司治理出台了一系列法规和条例等。这些改革在上市公司治理机制建设方面发挥了重要的作用。金融体制和商业银行①改革大大加速，已形成以中央银行为货币政策制定者，银监会为监管者，国有商业银行为主体，中资、外资、合资并存，多种所有制银行共同发展的格局。商业银行市场化运作的水平也不断提高。所有这些领域的改革，都为公司治理改革的深化提供了强有力的外部支持，提高了公司治理的内外部各机制的协调性，同时也扩大了公司债务融资规模和拓宽了债务融资渠道。

中国法律制度为债权人参与公司债务治理提供了一定的保障。我国于2002年颁布的《上市公司治理准则》6章81～86条规定：上市公司应尊重银行及其他债权人等利益相关者的合法权利；上市公司应与利益相关者积极合作，共同推动公司持续、健康发展；上市公司应向银行及其他债权人提供必要的信息，以便其对公司的经营状况和财务状况做出判断和进行决策等。

上市公司银行贷款融资规模成为债权人参与公司债务治理的动力。从我国境内股票融资与银行贷款增加情况来看，2001至2010年的10年中，银行贷款的增加额远远大于同期境内股票市场融资增加额，但从增长率来看，股票市场融资增长率则大于银行贷款的增长率，正是因为这种现象的存在，才使学者们得出中国上市公司外部融资偏好股权融资的结论。从数据上我们不难看出，我国贷款的基数远远大于股票市场融资基数，而且股票市场融资增长状态呈现极不稳定状态，银行贷款却呈现稳步增长的态势。因此，从总量上说，银行贷款在公司融资中处于绝对地位，国内公司的股权筹资额与债务筹资额相比差距较大，也就说明银行贷款等间接融资在公司筹资中占据重要地位。参见表1-1。

---

① 商业银行包括国有商业银行、股份制商业银行、城市商业银行、农村商业银行和外资银行；主要商业银行包括国有商业银行和股份制商业银行；国有商业银行包括中国工商银行、中国农业银行、中国银行、中国建设银行、交通银行；股份制商业银行包括中信银行、光大银行、华夏银行、广东发展银行、深圳发展银行、招商银行、上海浦东发展银行、兴业银行、中国民生银行、恒丰银行、浙商银行、渤海银行。

表1-1			贷款增加额与股票市场融资增加额情况	金额单位：亿元
年度	贷款增加额	增长率(%)	股票市场融资增加额	增长率(%)
2000	99 400	13.40	3 249	82.00
2001	112 314	11.60	1 168	28.78
2002	139 803	15.40	962	24.83
2003	169 771	21.44	1 358	41.16
2004	18 566	14.40	1 511	11.27
2005	206 838	12.80	1 883	24.02
2006	238 519	14.70	5 594	197.13
2007	277 747	16.40	8 432	50.75
2008	320 049	17.90	3 396	4.67
2009	151 353	33.80	3 653	39.96
2010	509 926	19.70	10 257	155.11
合计	2 244 286		41 463	

注：表中的数据是根据中国国家统计局年度统计公告数据汇总计算出来的；2005年后股票市场的融资增加额中包含可转换债券和可分离债券。

维护信贷资产安全成为债权人参与治理的动机。随着我国债务融资的规模不断扩大，渠道不断拓宽的同时，也出现了大量的不良债务。依据有关资料显示，国有商业银行不良贷款水平远远大于外资银行（见表1-2）。仅从2009年和2010年各季度末的数据来看，不良贷款余额和比例最低的是外资银行，其次是股份制银行；而不良贷款规模和比例最高的是农村商业银行，其次是国有商业银行。不良贷款数据说明信用市场中债务人不履约现象普遍存在。从数据可以看出，作为债权人的国有商业银行和农村商业银行，公司债务治理效应不高，对管理层懈怠的检测和反应不足，这在某种程度上也说明我国商业银行本身的治理水平低于外资银行。

中国的金融体系是以政府控制的四大商业银行（工、农、建、中）为主导。上市公司的债务融资主要来自全国40 000多家银行的贷款，其中，中国工商银行、中国农业银行、中国建设银行和中国银行四家国有商业银行提供了所有公司贷款的80%以上。

表1-2　　　　　　　商业银行不良贷款情况表　　　　金额单位：亿元

银行	一季度末		二季度末		三季度末		四季度末	
	余额	占比（%）	余额	占比（%）	余额	占比（%）	余额	占比（%）
2010年								
国有商业银行	3 400.0	1.59	3247.7	1.46	3 087.3	1.35	3 081.0	1.31
股份制商业银行	609.6	0.86	592.1	0.80	586.7	0.76	565.1	0.70
城市商业银行	365.9	1.19	360.7	1.11	3 39.1	1.00	325.6	0.91
农村商业银行	265.8	2.47	288.2	2.34	284.4	2.16	272.7	1.95
外资银行	59.8	0.74	60.4	0.72	56.6	0.65	48.6	0.53
2009年								
国有商业银行	4 040.0	2.30	3 763.5	1.99	3 642.2	1.86	3 627.3	1.80
股份制商业银行	674.3	1.17	672.3	1.03	654.7	0.99	637.2	0.95
城市商业银行	509.2	2.17	485.1	1.85	476.6	1.70	376.9	1.30
农村商业银行	197.4	3.59	192.8	3.20	197.9	2.97	270.1	2.76
外资银行	74.3	1.09	67.7	1.03	73.8	1.06	61.8	0.85

注：表中数据来自中国银行业监督管理委员会统计公告。

我国于1995年颁布了《中华人民共和国商业银行法》，虽然该法明确指出银行应按照商业实体模式来运作，赚取经营利润，但实质上，国有商业银行仍属于政府的职能机构，其经营目标受政府的政策目标影响较大。政府有时要求国有商业银行为亏损企业提供再融资帮助，银行经营者尽管知道有责任创造利润，但因受政府控制而不得不接受政府的要求，银行的利润目标与政府干预交织，必然伴随着大量银行不良资产以及高昂的资本重整成本（施华强，2004）。有学者认为，政府对上市公司和银行的这种双重所有权导了预算约束软化，增加了管理上的代理成本，从而弱化了债务融资的治理作用（Tian，2007；田利辉，2004、2005）。

基于以上理论与现实背景，本书将债务治理作为主线，研究债务在交互式公司治理中的债务治理效应，以债权人监督（主要研究银行监督）为主效应因素，以我国 2008—2010 年 A 板市场的上市公司为研究对象，结合政府管制、法律环境、内部治理等因素，研究债权人参与上市公司债务治理及治理效应。本书将上市公司分为国有的和非国有的，同时，将 ST 公司作为特殊样本单独进行分析，并运用比较分析法研究债权人参与非 ST 公司及 ST 公司的治理效应的差异。债务治理效应的替代变量设定为代理成本和公司绩效。

1.2　研究意义

负债是公司外部融资的一种重要来源，债权人治理是公司治理的一个重要外部机制，与股权治理构成公司治理结构。债权人作为债务资金的供应者，自然应当参与公司债务治理。已有的理论和实证研究表明：一方面，债务具有税盾效应，能减少股东与经理人之间的信息不对称问题，约束经理人道德风险，抑制逆向选择，实现控制权相机转移，缓解代理冲突，约束经理人在职消费，提高公司价值，保护投资者等；另一方面，债务的存在也有不利影响，比如规模达到一定数量的债务会增加代理成本，使公司财务风险加大，带来债权人和经理人合谋、债权人与大股东合谋、股东与经理人合谋等问题。因此，债务本身的属性决定了债务是把双刃剑。对于债务人来说，债务运用和管理得当，能增加公司价值、传递有利信息等，发挥债务的正面效应，运用不当则会给公司带来负面影响，产生负面效应；从债权人角度来看，债权投资是获利的根本途径，但面临着因债务人经营失败或违背契约等带来风险和损失的问题。因此，债权人参与公司治理是保障其投资安全的直接途径。本书研究的意义在于利用前人的研究成果，结合中国现实环境与实践，从债权人参与公司治理的角度出发，在交互式公司治理概念框架下，考察股东、政府控制、法律环境等内外部因素与债权人治理的交互效应。通过研究，希望能为我国目前商业银行不良贷款资产状况的改进提供建议，为改善公司债务治理提供支持，为政策制定提供理论依据。

1.3　研究思路与内容

1.3.1　研究思路

首先是对国内外的理论与文献进行比较系统的梳理和综述，寻找债务治理及其治理效应的理论基础，为债权人参与公司治理提供理论支撑。同时对国内外关于债务治理效应及债权人参与治理的研究成果进行回顾与综述，找到研究的侧重点，着重分析银行债权人参与治理的治理效应，构建研究的逻辑框架，提出本书研究的问题和研究的价值，进而形成基本思路，设计研究技术路线与研究方法，利用国泰安数据库、Wind 数据库等的数据，选用统计方法，利用数据处理软件对数据进行实证分析，根据回归结果得出研究结论，从而为债权人、股东、政府等提供政策建议。

基本思路是以债权人监督对代理成本、公司绩效的影响来研究债权人治理的效应。依据前人的研究成果，进行理论演绎，以交互式治理的概念框架为依托，以债权人参与公司债务治理效应为主线，以政府控制、法律制度环境、内部治理等为次因素，形成研究的交互式逻辑框架。以最大债权人（银行）监督为出发点，分析债权人在债务治理中的作用，依照系统论的思想，运用因素分析法，考察我国上市公司债权人监督的治理效应，以期为微观经济体提供决策依据，为宏观政策的制定提供一定借鉴和参考。

1.3.2　技术路线

本书的研究技术路线如图 1-1 所示。首先，在收集和整理大量相关文献的基础上确定选题，随后通过经典公司治理理论的回顾为债务治理找到理论依据，进而分析我国公司债务治理存在的必然性及现实状况，依据债务治理理论提出研究假设，设计变量及模型，通过数据库或手工收集资料，获取变量数据并进行实证检验。在模型选择方面进行了多次计量检验，最终确定了合适的数据处理方法，实证检验了我国上市公司债权人监督公司债务治理的状况，根据检验结果，依据相关理论，提出相应的对策和建议。

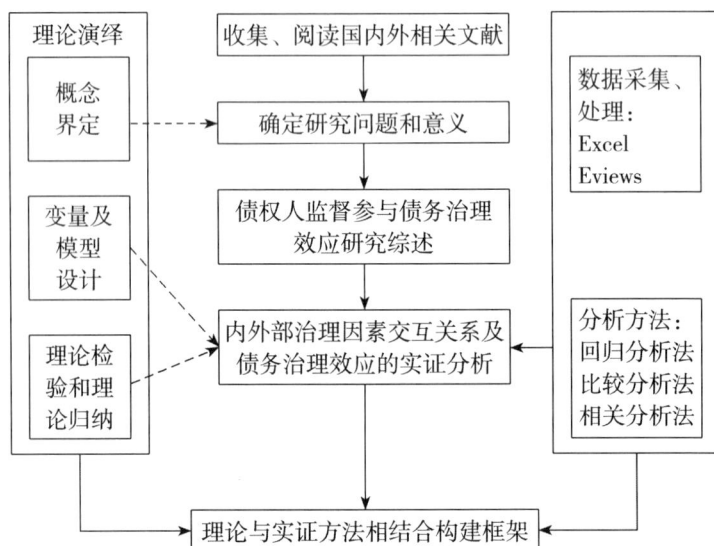

图 1-1　技术路线

1.3.3　研究内容

本书的主要研究内容如图1-2所示。

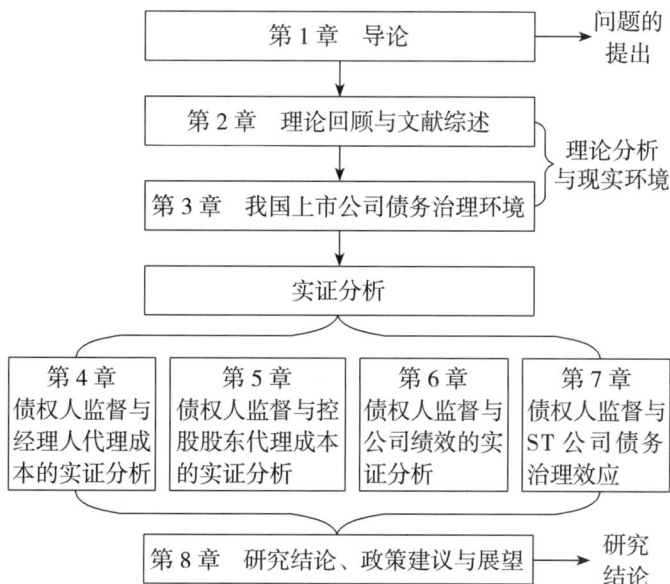

```
┌─────────────────────────┐
│     第1章　导论           │───→ 问题的
└─────────────────────────┘      提出
            │
┌─────────────────────────┐
│  第2章　理论回顾与文献综述 │       理论分析
└─────────────────────────┘       与现实环境
            │
┌─────────────────────────┐
│ 第3章　我国上市公司债务治理环境│
└─────────────────────────┘
            │
┌─────────────────────────┐
│        实证分析           │
└─────────────────────────┘
```

第4章 债权人监督与经理人代理成本的实证分析	第5章 债权人监督与控股股东代理成本的实证分析	第6章 债权人监督与公司绩效的实证分析	第7章 债权人监督与ST公司债务治理效应

第8章　研究结论、政策建议与展望 ───→ 研究结论

图1-2　研究框架及内容

第1章，导论。提出主要研究命题，即债权人监督和公司债务治理效应的关系，分析我国当前债权人参与公司治理的环境与条件，在此基础上提出研究的基本思路、技术路线和使用的主要研究方法，构建研究内容。

第2章，理论回顾与文献综述。首先，对治理理论进行回顾，主要从资本结构理论和代理理论的角度阐述本书的理论基础；其次，在理论推演的基础上明确有关概念；最后，对国内外的主要相关研究文献进行回顾与评述，提出研究框架。

第3章，主要分析我国上市公司债务治理环境。借鉴制度经济学的相关理论，分析政府控制、法律制度环境、银企关系、金融环境等对债权人治理的影响以及我国的现实环境，从政府、法律等市场化进程指标出发，深入阐述企业外部因素发挥监督作用的机理，并深入分析内外部因素交互影响的特征。

第4至7章，实证分析。这4章的研究内容是在前3章理论演绎的基础上进行的实证分析。第4至6章主要研究有关国有上市公司和非国有上市公司（不包括ST公司）的债权人监督与债务治理效应，实证部分主要包括变量设计、模型建立，采用回归分析法、比较分析法等方法检验债权人对代理成本和公司绩效的作用；第7章主要研究ST公司债权的特征，以及债权人参与公司债务治理的效应，运用比较分析法，对比分析债权人对ST公司与非ST公司的治理效应。这4章为第8章的政策建议提供了依据。

第8章，研究结论、政策建议及对未来研究的展望。

1.4　研究方法

本书采用规范分析与实证分析相结合的研究方法。首先，对公司治理理论进行梳理，从中分析出债务治理及治理效应的理论基础，同时对国内外关于债务治理效应及债权人参与治理的研究进行回顾与综述，找到本书研究的侧重点，着重分析银行债权人参与治理的治理效应，构建本书研究的逻辑框架，从理论上深入演绎交互式公司治理概念框架，在理论和文献分析的基础上，运用实证方法分析债务治理中内、外部因素的交互作用对债权人治理效应的影响。其次，在实证方法的选择方面，吸取国内外已有研究文献中建模及变量选择的经验，构建模型及选取代理变量。同时，还采用增加变量、更换变量、分年度回归分析等方法，对实证结果进行稳健性检验，为了进一步证明债权人监督影响公司债务治理效应的权变特征，还按产权性质类型进行了部分检验。

1.5　特色与创新

本书研究的特色主要是结合我国债权人监督的特定环境，就银行债权人监督对公司债务治理的影响进行了系统的理论分析和实证分析。本书主要基于债权人监督的视角，依据交互式公司治理概念框架，构建债务治理概念，并着重分析在这些概念框架下，债权人参与公司债务治理对经理人代理成本、控股股东代理成本、公司绩效等方面的治理效应，以及在对ST公司的特殊处理规则下，债权人参与ST公司债务治理的效应。已有的研究，无论是研究公司治理还是研究债务治理，大都是将ST公司作为剔除样本，而本书则将ST公司作为一个特殊且很重要的研究内容，填补了以往研究的空白。

本书创新之处在于将已有的理论和研究与中国的市场经济环境相结合，理论推演交互式公司治理概念和债务治理概念，在理论和概念明确的基础上，研究债权人参与公司债务治理及治理效应，主要有以下几点：

（1）在前人研究的理论基础上，运用系统论、博弈论等理论思想，明确交互式公司治理的内涵，同时，在这个概念框架下，进一步构建了债务治理的概念。这些概念的明确为公司治理和债务治理的理论发展提供了新的借鉴。

（2）运用统计学理论，采用适当的数据处理软件，实证检验和考察股权分置改革后，债权人监督在我国非ST公司中的债务治理效应，为相关层面提供一定的政策建议。

（3）目前，对债权人参与ST公司债务治理的研究几乎没有，将ST公司作为特殊研究对象，研究债权人参与ST公司的债务治理效应问题，可以为债权人的利益保障寻找对策，为稳定信用市场提供一定的经验证据。

2 理论回顾与文献综述

2.1 理论回顾

随着债务在企业中的比例不断增加，企业在获取债务融资效应的同时也增大了财务危机甚至破产的可能性，即债务融资的代理成本也在增加。因此，举债企业应当在债务融资效应和负债成本之间进行权衡。Jensen（1986）认为，企业适度负债可以充分发挥破产机制、债务条款约束以及监管的优势，从而控制经理人自由操控现金流量的行为，抑制经理人的过度投资，减少非效率投资，从而提高投资效率。债务不仅是融资方式，还可能引发控制权配置问题及治理主体的选择和转换问题，所以，债务是公司治理的重要机制。

2.1.1 MM 理论

1958 年，莫顿·米勒（Merton Miller）和费朗哥·莫迪格里安尼（Franco Modigliani）发表了关于资本结构的开创性文章，不仅开创了资本结构研究的一个新起点，同时也指出债务具有治理效应。文章指出，在市场完美的条件下，负债和权益资本均不会影响企业价值，即，随着债务比例的增加，企业风险增大，股权价值会随之下降，也就是说，债务优势会被股权价值折损所稀释，则企业总价值（股权价值与债务价值之和）并不会增加。但该理论肯定了债务具有治理效应，认为债务的存在可以提升股东的期望收益率。但是，该理论的假设和结论也受到质疑，因为市场不可能总是处在完美状态，甚至根本不存在完美市场状态[1]。随后，二人于 1963 年对 MM 理论进行了修正，形成修正的 MM 理论。修正的 MM 理论模型中证实了债务的税盾效应，认为负债与企业价值有关，且负债比例越高越好。依据修正的 MM 理论，举债公司的价值应该等于无债企业价值加上债务的税收利益，股东的期望收益率随着债务增加而增加。修正的 MM 理论认为，企业所需资金应该全部通过举借债务方式解决。显然这一结论与现实相悖。

---

[1] Modigliani 和 Miller(1958)所定义的完美资本市场是指:(1)资本市场是无摩擦的;(2)所有市场参与者有共同的期望;(3)所有市场参与者都是价格接受者;(4)公司的投资项目是确定而且被知晓的;(5)一旦选定,公司的融资是确定的。

虽然 MM 理论或是修正的 MM 理论存在一定的缺陷，特别是与现实存在较大差异，但是 MM 理论确实开辟了资本结构理论的先河，并给出了债务具有治理效应研究的新命题。

2.1.2   权衡理论

在现实中，全额举债和全额股权融资的情况几乎是不存在的。因此，在资本结构理论基础上，学术界进一步引入破产成本，形成了著名的静态权衡理论（Static Trade-off Theory），该理论认为企业在负债融资时须权衡债务税盾效应和破产成本。随后，学者们将负债的成本延伸到了代理成本、财务困境成本和剩余损失等方面，并确认负债企业价值是以无负债企业价值结合税盾效应、财务困境成本、代理成本三者现值后的价值。静态权衡理论模型认为，债务为零的企业价值是一个常量，税盾效应和破产成本是负债权益比的增函数。企业负债权益比较低（但大于零）时，债务税盾效应增速大于破产成本增速，增加债务对企业有利，随着负债权益比继续增加，当债务税盾效应的增量好处恰好被举债企业预期破产成本的增量所抵消时，企业举债比例达到临界点，此时企业价值最大，若突破临界点后继续增加债务，预期破产成本将大于债务税盾效应，举债呈现负面效应，一旦公司受到破产诉讼，经理人将失去对公司的控制，公司将面临被市场接收的风险。

静态权衡理论认为，企业盈利能力越好，财务危机发生的可能性越小，预期破产成本越低。因此，盈利能力好的企业有意愿追求更多的债务税盾效应，企业愿意更多地利用负债融资，而这类企业由于盈利能给企业带来大量自由现金流，扩张投资的倾向也较大，也可能面临过度投资问题，负债在降低过度投资代理成本方面又有着不同于股权资本的优势。因此，静态权衡理论的核心就是在负债的税盾效应与预期代理成本、破产成本、剩余损失等之间加以权衡，即在负债边际收益和边际成本之间加以权衡。静态权衡理论的基本观点是债务治理的效应取决于对债务的边际收益和边际成本的治理。

但是，静态权衡理论没有考虑连续状态企业债务的效应，因此其结论与现实有较大出入。按照该理论，所得税率高、盈利能力强的企业应该拥有较多的债务，债务治理效应会更显著，然而，这一结论并没有在现实中得到充分体现。Maksimovic 和 Phillips（1995）、Andrade 和 Kaplan（1998）等研究认为，所得税率高的企业，债务税盾效应大，实际破产成本小，企业应增加债务比率，充分发挥债务的治理效应；然而有学者研究表明，规模大、盈利能力好、资产流动性强的企业，负债融资比率反而较低，表明高税负企业倾向于保守型融资策略（Kane et al，1984；Brennan 和 Schwartz，1984；Graham，2000）。

鉴于静态权衡理论的缺陷，学者们在静态权衡理论中引入了动态时间序列，形成了动态权衡理论。Kane等（1984）通过权衡税盾效应与破产成本，建立了一个连续时间模型进行实证研究，结果发现企业会更多考虑选择高负债率以获得更多的债务税盾效应，但该模型没有考虑交易成本。Fischer，Heinkel和Zechner（1989）构建动态资本结构模型，在模型中引入交易成本。债权价值和股权价值是企业再资本化的函数，负债的税盾效应、负债成本、收益波动率、无风险利率以及再资本化成本的大小等影响着企业最优资本结构的选择，证实了债务具有较大治理作用。Leary和Roberts（2005）通过动态持续（Duration）模型，研究负债和股权资本的调整成本是否会对企业融资决策产生影响，研究发现资本结构与债务比例具有反转现象。

从以上研究成果可以看出，动态权衡理论研究从税收、代理成本、破产成本、交易成本等方面进行权衡，考察债务治理效应，进而分析影响债务治理的效应的深层原因，但静态权衡理论只是分析了债务本身的治理作用，而没有从债权人角度分析债务治理的外部效应，而且理论只是权衡债务的税收效应与成本之间的关系，对于代理成本没有依据代理冲突做进一步区分。

2.1.3 委托代理理论

委托代理理论的鼻祖 Jensen and Meckling（1976）在《企业理论：管理行为、代理成本与所有权结构》一文中提出了资本结构代理成本说。该学说认为，随着债务与权益比的变动，两种代理成本[①]呈现出反方向变动的权衡（Trade-Off）关系，即增加债务对股权代理成本会产生以下两方面影响：（1）在投资既定的情况下，债务增加了经理人的持有股份，进而可以减少"股权稀释"产生的股权代理成本；（2）他们提出的"自由现金流量"假说认为债务具有硬约束性，能减少可供经理使用的自由现金流量，从而降低经理层在职消费过度或浪费的可能性。因此，按代理理论的观点，公司最优资本结构应选择在股权代理成本和债权代理成本之和最小的点上。关于资本结构的这一结论为债务的激励效应研究提供了一个理论基础。之后，借助于经理层和不同的假设条件，学者们从利益冲突视角对资本结构，尤其是对债务在资本结构中的比例及其功能等进行了大量研究，一致认为债务具有治理功能，对代理冲突能起到一定的缓解作用。

经理人代理冲突主要反映的是股东与经理人之间的代理成本。代理理论认为，由于经理人不完全拥有企业，经理人不可能获得全部经营活动产生的利润，甚至可能只获得很少部分，但却要承担大部分活动所发生的成本，经理人利益与股东利益始终保持一致的可能性就不存在，所以，经理人常表现为追求更多的在职消费，而由于努力程度不足，从而会产生更高的代理成本。另一方面，当企业

---

① 委托代理理论认为代理成本有经理人代理成本和股权代理成本之分。

现金流充裕时，经理人会选择扩张投资以获取经理人市场的地位，而较少考虑投资的可行性，或者说选择净现值为负的投资项目，投资人利益必然受到损害。再者，经理人出于对任职期限的考虑，经营决策中存在明显的即期利益追逐，忽视长远发展，这样也将损害股东利益。鉴于以上三种可能性，委托代理理论认为，债务所具有的法律硬约束力特性，比如到期必须还本付息、诉讼与申请债务企业破产等权利，可以减少经理人在职消费和过度投资等行为，对经理人侵害股东利益的各种行为能起到抑制作用，从而对股权代理成本起到一定的抑制效应。Jensen 和 Meckling 认为经理人代理成本由委托人的监督支出[①]、代理人保证支出[②]和剩余损失[③]三个组成部分。

债权人代理成本反映股东与债权人之间的利益冲突。在既有股东投资又有债权人投资的企业中，当经理人与控股股东利益一致时，经营者会以控股股东利益最大化为活动目标，会将资金投向高风险、高收益项目而不是投向那些风险低、收益一般但稳定的项目。如果项目成功，债权人利益并不会增加，全部风险收益为股权投资人获取；相反，如果风险项目失败，由于有限责任的法律界定，债权人只能获得有限的补偿，则债权人利益会受到极大损害。因此，股东与债权人的利益冲突必然存在。同时，债权人会预期股东与经理人合谋，在合约签订时也会增加门槛，比如提高利率（高负债资本成本）、债务期限约束、担保、抵押，以及资金使用的限制约束等，这些又增加了举债企业的债务成本。

除上述两种代理成本外，还存在控股股东与中小股东的代理成本，大股东侵占小股东的利益表现尤为突出。控股股东与中小股东的利益冲突主要表现为大股东通过资金侵占、套现、虚假出资、非法担保、贷款等手段牟得格外好处。

吴晓求（2003）研究了在资本结构与企业资金成本，以及二者与企业价值存在密切关联的背景下，由于债务资本激励作用的有效性直接影响公司高管层的行为，进而作为公司高管决策的一种结果，公司融资（即资本结构设计）、投资、风险管理等财务政策的决策或实施必然会受到债务激励机制的影响。

代理理论开创了债权人参与公司债务治理的先河，代理理论认为债权人通过债务契约的法律约束力能够对经理人和控股股东的侵占行为起到一定的约束和监督效应，对代理成本具有一定的监督效应。

本书将控股股东与债权人和中小股东的代理冲突界定为控股股东代理成本，将经理人与委托代理人（股东和债权人）的冲突界定为经理人代理成本。

---

① 监督支出是指委托人为了制约代理人的机会主义行为必须对其进行监督并承担由此带来的费用。
② 代理人保证支出是指应付给代理人消费资源以保证代理人不会做出某些对委托人有害的事情，或者说当代理人做了有损于委托人的事情之后可以保证委托人得到补偿。
③ 剩余损失是指委托人和代理人会付出明确的监督支出和保证支出（金钱的和非金钱的），但实际中，代理人所做的决策常常偏离委托人利益最大化原则，这种偏离导致委托人实际利益下降，这也是代理成本的构成部分，即为"剩余损失"。

2.1.4 信息不对称理论

信息不对称理论（Asymmetric Information Theory）认为，经济活动中的相关人员对相关信息的了解和掌握存在差异，掌握较多信息的人员在活动中处于有利地位，可以凭借手中的信息获取超额利益。Ross（1977）指出，公司经理层是经济活动的当事人，掌握公司内部信息，而投资者特别是外部投资者，只能借助经理层输送的信息对经济活动进行预期和对经济活动结果做出评价，公司债务资本的变动就是公司向外输送的信息，成长性好的公司将举借更多的债务，债务资金的增加给市场传递利好信号，而成长性差的公司提高债务比率将面临更高的破产威胁，因此，债务具有信号传递功能，起着发挥传递公司质量信息的作用。Myers 和 Majluf（1986）认为，债务水平高低给市场及投资者传递了预期公司价值高低的信息，并提出公司融资的最优方式应是债务融资。

显然，信息不对称理论认为公司债务融资向外部传递了利好消息，也就说明外部投资者认为债权人特别是大债权人拥有信息优势和专业优势。大债权人对公司注入信贷资金，向外部信息需求者传递了公司具有投资价值的利好信息；反之，当大债权人减少对公司的信贷时，则表明公司不具有投资价值。因此，大债权人的信贷行为增强了外部中小投资者对公司的判断力，减少预期和决策的失误，从而也起到约束和监督公司代理人的作用，这种信息传递功能赋予债权人监督公司代理成本的作用。

2.1.5 控制权理论

基于不完全契约理论衍生的控制权理论认为，契约不可能是完备的，契约双方之间始终存在一方影响和改变另一方行动的可能。一方面，股权投资者和债权人为了确保资本的安全和获取利益，需要获得被投资企业的控制权来约束被投资企业的行为。而债务和股本有着不同的现金流请求权（Claims），因此，股东和债权人对于控制权的要求也不相同，也就是说，不同的融资结构要求不同的控制权安排；另一方面，经理人在期望获得较多的现金流收益的同时还期望获得其他资源的控制权，所以，控制权也是一种激励经理人努力工作的工具。相对于需求来说，资源始终是有限的，投资者基于经理人对资源控制权的需求，可以通过控制权安排减少经理人手中的现金流，从而保全资本和获取收益。因此，控制权安排就是权衡经理人的最优努力水平和投资者的最优保障。经理人最优努力与最优控制权安排的均衡往往受到外部环境的影响，最优控制权安排应随外部环境发生的变化而变化。不同的融资方式有不同的控制权要求，也就是说，可以通过债务的增减变动调节控制权，实现控制权的收益和效应最大化。

控制权理论的基本观点是股东通过与债权人的债务契约来调整公司控制权，

从而对经理人起到一定的激励和约束效应，债权人在激励和约束经理人行为方面起到了间接作用。

2.2 主要概念界定

2.2.1 公司治理

治理是指经济活动中的各方（包括个人和机构）对经济活动实施管理的全部方式的总和，是不同利益主体不断博弈的利益协调过程，也是各利益主体共同行为的持续过程，同时还是一种制度（正式制度和非正式制度）安排。所以说，治理是一个过程，该过程的基础是各利益主体间的利益协调，治理既涉及公共部门，也涉及私人部门，是持续的互动的过程。

公司治理的含义到底是什么？不同的观点有不同的解释。持"股东利益至上"观点的学者认为公司治理的目标是满足股东利益最大化的要求；而有学者从公司内部治理角度出发，认为公司治理的目的是实现公司内部利益相关者的共同利益最大化；还有学者从机制角度出发将公司治理看做是一种制度的总称。Blair（1995）对公司治理的界定则包含了以上所有观点，他认为，公司治理有狭义和广义之分，从狭义角度讲，公司治理是指有关公司董事会的功能、结构、股东的权利等方面的制度安排；从广义来看，公司治理是指围绕公司控制权或剩余索取权的一系列法律、文化和制度的安排，具体包括公司目标及其实现、如何实施控制以实现目标、如何分配风险和收益等一系列问题。

1) 内部治理

内部治理指通过公司内部的制度安排解决代理冲突，激励和约束经理层，减少代理成本，强调公司内部机制的作用。这些内部制度安排包括：股东大会制度、董事会制度、独立董事制度、监事会制度以及股权集中度、股权制衡度、激励和约束机制、融资结构等方面的安排。通过内部治理制度的有效安排，激励和约束经理人努力工作，实现资源的有效配置，降低代理成本。

2) 外部治理

外部治理指的是依靠市场自发或政府干预等实现降低代理成本的目标。外部治理强调公司外部因素的相互作用和协调，这些外部因素包括：政府、市场（股票、债权、经理人、公司控制权、要素、信息等）、法律制度环境、竞争对手等。当公司内部治理不完全有效时，外部治理就成为一种约束经理人的重要机制，投资者实现公司经营绩效就只能依赖外部因素。当公司经营出现危机，这些外部因素通过要素间的协调可以对管理层施加更换和惩罚，经理层迫于这种压力会选择努力工作，提升企业效率。

事实上，单靠内部治理或是外部治理很难实现资源的有效配置，从而降低代理成本。因为相关利益者的目标利益函数是不一致的，只有债务治理的内部机制与外部机制相互配合、互为补充、交互运作，才能协调利益相关者的利益，真正解决代理问题。

3）交互式公司治理

公司控制者的决策驱动力来自公司内部治理机制和外部治理机制中各因素的交互影响，从而形成内外部因素相互影响、相互作用的互动过程，这个过程就是交互式公司治理（Interactive System of Corporate Governance）。George G Triantist，Ronald J.Daniels （1995） 在 "The Role of Debt in Interactive Corporate Governance"（Working Paper）一文中对于交互式公司治理及其有效性进行了规范式阐述，主要观点是公司治理机制间不是相互独立，而是交互作用的。Rediker 和 Seth（1995）提出了替代效应假说，打破了在解决股东与代理人问题上不同治理机制相互独立的假设，他们认为公司治理机制之间具有一定的替代效应，治理效应的提高依赖于机制之间的协同。该观点说明公司治理是一个交互系统。Thakor（1994）研究了公司面临接管威胁时，董事会监督经理人的有效性，研究结论认为公司治理内部与外部治理机制间具有互补关系。随后，大量研究得到了与上述观点一致的结论。

2.2.2 债务治理

对于债务治理的称谓有两种，一个是债务治理，另一个是债权治理。其实，无论是称为债务治理还是称为债权治理，本质上并没有区别，只是一个事物的两个角度。从公司资本投入的角度来看，企业的资本投入无非两种：股权、债权，对这两个方面的治理就称为股权治理和债权治理。从企业资本来源的角度来看，企业的资金来源于两个方面，即负债和所有者权益，对这两个方面的治理又称为所有者权益治理和债务治理。不管采用哪种称谓，其实质都是债权人对投资于借债企业的债权，关注点是其投资的收益及安全等问题，会采取一系列手段来约束债务人行为。

对于债务治理这一概念，目前国内学术界尚未有一致的界定。孙铮、杨勇、唐松（2007）将债务治理界定为债权人对债务人实施的监督和治理；王彦超、林斌、辛清泉 （2007，工作论文）将债务治理定义为债务具有的公司治理职能；章细贞（2005）将债务融资在公司治理中的作用定义为债务治理。上述对债务治理的定义是基于债务本身的属性。方萍、吕蜀亮（2006）从契约双方的权利和责任出发，认为债务治理就是债务的公司治理，即债务契约产生的财务治理机制。

契约双方出于自身利益的考虑，以会计指标和限制性规定为标准，债权人以指标和规定为依据，行使监督经理层管理行为的权利；经理层迫于各种压力将行为控制在这些指标和规定的范围内。债务契约的约束力及契约双方的利益需求共同作用，从而解决经理人代理问题，减少代理成本。这个定义将经理人而不是债务契约视为契约的债务人。何武强（2006）认为，债务治理是指当债务人违约时，债权人依据契约的法律属性赋予的权利，通过接管、重组、破产清算等形式掌握企业实际控制权，从而形成的一种制度安排。这个定义将债务治理界定在债权人一方。

上述关于债务治理的定义都是从债务治理的单一视角出发，比如，从债务本身的功能、债务人一方或债权人一方等来界定债务治理，没有考虑债务治理系统内其他相关因素，如政府、市场、股东等，很显然这些定义具有一定的局限性。

根据系统论的基本观点，系统是由相互制约、相互影响的各部分组成的具有一定功能的整体。系统内各元素交互作用构成了系统的基本特征，即多元性、相关性和整体性。系统又可以分成若干组分，每个组分又可以形成一个子系统。公司治理是一个系统，债务治理是其中的一个组分，也就是一个子系统。债务治理系统同时还是一个开放系统，在这个开放系统中，元素、结构、环境三者共同决定该系统的功能。债务治理具有一定的功能，这已经从实践和理论中得到了证实，因此债务治理是一个系统。显然，债务治理系统中的相关元素包含了债权人、债务人、经理层、股东、员工、政府以及环境等；债务治理系统的结构就更加复杂，有债权结构、债权与股权结构等问题；该系统的环境则更为开放，可以是经济环境，也可以是法律环境、政府管制等。

基于以上分析，本书认为，债务治理具有广义和狭义之分。广义的债务治理就是在债权债务关系生成和终止的整个过程中，系统内各方运用其所具有的优势和权力特征，对债务实施的一系列管理活动及由这些活动所引发的与系统内其他方的博弈，以及在博弈中充分发挥债务的治理功能以实现自身利益最大化的一系列制度及行为的总和。根据这个定义，债务治理的主体可以是公司内部各相关方，如股东、管理层、员工等，也可以是公司外部相关方，诸如债权人、政府、供应商等。狭义的债务治理仅指债权人为保障其自身利益的安全和完整，对举债企业及其经理层的行为进行监督控制或激励约束，债权人的监督控制或激励约束又进一步影响到举债公司其他相关方的行为，从而影响债务企业的治理机制和绩效。

本书是基于债务治理的狭义概念视角下的公司债务治理效应研究，主要从债权人角度考察在政府控制、法律环境等相关因素影响下，债权人监督对债务公司债务治理的效应问题。

2.2.3 债务治理效应

对债务治理效应的界定，目前国内外也还没有形成统一的定论。孙铮等（2006）将其定义为由债务契约引起的债务治理机制就是债务的公司治理效应；王满四（2006）认为它是债务融资的治理效应，是指债权人利用法律和合同所赋予的权利，在保障自身利益的基础上采取一定的方式或方法，对债务人——负债公司及其经营者或经理人员行为进行的监督控制或激励约束，从而对负债公司的治理机制和治理绩效所发生的影响或带来的效应；张锦铭（2006）认为它是债务融资的存在及其比率变动对企业经营绩效以及企业价值的影响；甘金汪等（2006）认为它是在公司资本构成中引入的债务，是债务对经理人员的行为产生的影响、公司治理内部代理关系发生的变化、股东与经理层之间的委托代理问题得到缓解的程度。

有些学者将债务治理效应区分为控制效应和信息效应两个方面。控制效应表现为债权人对债务人具有激励约束功能，能降低代理成本，破产威胁具有一定的刺激作用，能激励经理层努力工作，消除经理层懈怠（Managerial Slack），避免企业陷入财务困境，因此，债务具有一定的控制效应。信息效应则是指债务具有一定的信号传递作用，能降低由于信息不对称程度所导致的逆向选择成本和监督成本。债务向市场传递了"好消息"或"坏消息"，当举债企业获得债权人投资时，市场认为该企业拥有较好的偿债能力和良好的财务状况，以及该公司经营状态较好等预期，这样，已有的投资人会增加投资，降低投资门槛，而潜在投资人会放弃对其他企业的投资转而投向这个公司，这向市场传递了好消息；相反，若债权人对债务企业提出再谈判，修改债务契约，比如提前收回债权、增加约束条款等，市场对这一信息的反应是举债企业财务状况不佳，市场中的投资人、潜在投资人等会减少投资，或是放弃准备投资的意向，这是坏消息的反应。可见，债务还具有信息效应。

债务能对经营者的行为起到监督约束作用，降低代理成本，进而影响债务公司的绩效，本书认为这种传导作用体现为债务的治理效应。已有的研究大都是针对债务的财务效应，或者是将财务效应和治理效应进行混合研究，对于债务的治理效应研究却十分有限。本书将债务的税盾效应和财务杠杆效应统称为财务效应，通过债权人监督对公司业绩的影响来反映该效应，债权人的治理效应通过债权人对公司的代理成本来反映，通过财务效应和治理效应两方面考察债权人监督的债务治理效应。

从上述分析可以看出，债务治理效应来自债务的存在性，效应源自于多方共同的运作结果。从广义来看，是由于企业举借债务，影响了股东、债权人、经理层、潜在投资人以及市场中的其他相关方，因此，与债务有关的各方出于对自身利益的保护，会对债务做出反应，采取一定的行动和措施，这些行动和措施会对举债企业产生正面和负面的影响，这就是广义的债务治理效应。狭义的债务治理效应仅指债权人为保障自身利益的安全和完整，对举债企业及其经理层行为进行监督控制或激励约束，债权人的监督控制或激励约束又进一步影响到举债公司治理机制和绩效。本书的出发点是基于债的狭义治理效应，债权人参与举债企业债务治理所表现出来的对代理成本和公司业绩的影响。

2.2.4　代理成本

Jensen 和 Meckling（1976）指出，代理成本产生的主要根源在于利益冲突，集中表现为股东与管理者、股东与债权人之间的利益冲突，负债能降低代理成本，提高公司绩效，代理成本就是指描述一般委托代理关系中目标函数不一致的代理主体之间由于信息不对称造成的利益冲突程度。代理成本进一步可以分成经理人代理成本和控股股东代理成本。也就是说，任何一个公司都同时存在股权的代理成本和债务的代理成本，随着债务融资比例的增大，股权的代理成本将减小，债务的代理成本将增大。负债的财务效应达到最大值的点理论上是总代理成本最小的点，即股权的边际代理成本等于债务的边际代理成本。

1）经理人代理成本

Berle 和 Means（1932）指出，现代公司制度的主要问题是所有权与经营权的分离，进而导致管理层的机会主义行为，投资者利益受到侵害。Jensen 和 Meckling（1976）认为，委托代理问题是两权分离的必然结果，契约是两权分离的必然产物，委托人将部分决策权交由受托人代理，受托人依照委托人和契约的约束向委托人提供服务。但由于契约双方都追求自身利益最大化，受托人并不始终以满足委托人利益最大化为目标，委托人也可能以自身的利益目标来强制受托人的行为，代理问题的焦点是由于股东与经理人目标函数上的不一致从而产生经理层管理懈怠，导致委托人利益受损。

2）控股股东代理成本

控股股东代理成本是指控股股东为了获得控制权私利，采用各种方式侵占企业其他投资者（包括中小股东和债权人）的利益，即产生"控股股东隧道行为"。隧道行为集中表现为控股股东转移公司资产的行为，具体包括转移定价、剥离资产、股权稀释、关联交易等。控股股东通过隧道行为进而取得控制权收益，损害其他投资者的利益，控股股东以牺牲其他投资者利益获取的控制权私利称为控股股东代理成本。

2.2.5 债权人监督

监督就是建立一种行为方式，以对他人的行为进行客观、及时的审核、监察与督导。债权人监督（Creditor Monitoring）是一种公司治理的重要外部治理机制，其核心内容是指，债权人利用契约的约束力和法律权力，凭借专业优势和信息总成本优势，能获得较多的债务人信息，约束企业经理人的机会主义行为，降低代理成本，提升公司绩效，以保障自身利益。债权人对负债企业的监督与约束方式主要有现金流约束、期限约束、债务契约限制和破产机制等。

债权人与公司管理者都是债务契约的受益者，但由于合同的约束力不同，在契约收益方面的获取权力不同。债权人享有较高的法律保护，比如合同收益的价格、收益的保障程度、收益的追索权等都有明确的法律保障。而管理者同样作为"契约受益者"，他们的保障程度却明显低于债权人。管理者观察到了在契约收益方面，自身属于弱势一方，因此，在契约的履行过程中，会采取各种手段以弥补其在契约收益方面的弱势，比如实施策略性违约、稀释债权、牺牲债权人利益赚取超额利润等；而债权人观察到管理者的自利行为，必然会运用契约所赋予的法律权力对管理者实施监督。公司债权人地位不同，实施监督的动机不同，监督的方式和效果也不同。

公司的债权人从债务形成的角度来看，有银行债权人、非银行金融机构债权人、自然债务的债权人、债券市场中的债权人等，由于各自的债权债务关系的成因不同，对债务人实施监督控制所受到的激励不同，监督控制的动机也不同，因此，不是所有的债权人都能积极监督和控制债务人的行为。

首先，从大债权人和小债权人的分别来看，由于债权投入的规模不同，存在债权利益和责任上的差异，还存在对债务人的约束能力的差异，以及债权人享有的法律保护程度的不同。同时，不同债权人的社会地位、影响力、讨价还价能力等，都会影响到债权人所面临的成本和风险，因此，在对债务人行为进行约束、管理等方面，基于成本、收益、风险等因素的考虑，小债权人搭便车的现象必然存在。

其次，从企业债务来源的成因看，负债有两部分：融资性债务和非融资性债务（或自然债务）。例如，银行借款属于融资性债务，而应付类债务属于非融资性债务。这两种债务形成的动机有本质上的区别，因此，这两种债权人参与债务治理的动机不同，所受到的激励也不同。例如，供应商以赊欠的方式给债务人提供物品形成的债权，可能是因为供应商所处的市场竞争度较高，讨价还价能力低，为了自身长远发展的考虑而提供给债务人一种优惠，即使该供应商可能是债务企业的最大债权人，该债权人也只能弱化债务治理，甚至不实施债务治理，即自然债务的债权人监督受产品市场中很多因素的影响，具有很大的不确定性，监督动机弱化，因此，本书不考虑这类债权人监督。融资性债务的利益债权人是债券持有人，其参与债务治理受债券市场中诸因素的影响较大，而且不是所有的公司都具有发行债券融资的条件，所以本书在研究中也排除了此类债权人。Douglas和Diamond（1984）研究认为，银行对债务人实施监督的动力源自于银行的净成本优势。Stiglitz（1985）认为应由银行债权人对债务人实施监控，而不是由证券所有者实时监控，债权人能否有效实施债务治理在一定程度上还取决于债权人的专业化程度、市场规模、治理水平等方面因素。银行债权人较非金融机构债权人拥有更多优势，其参与债务公司治理的能力较强，而且，从目前债务来源构成看，银行信贷资金仍是主要来源，即银行债权人是债务市场中的最大债权人。

鉴于以上分析，本书所指的债权人监督主要是指融资性负债提供者中银行债权人的监督。实际上，在我国，企业融资性负债的提供者主要是银行，因此本书所说的债权人监督也就是指银行监督。

债权人监督行为应当贯穿于整个债务的全过程，即从洽谈债务契约到签订契约直至债务中止的整个过程，这个过程实际隐含了债权人监督的三个阶段——事前监督、事中监督、事后监督。

1）事前监督

事前监督是债权人治理机制中的甄选机制的具体体现，通常也被称为甄别机制。该监督机制是在债务契约签订前进行的，是对借款人进行的事前调查。甄别是在贷款合约签订之前进行的，所以被称为事前监督（Ex Ante Monitoring）。Broecker（1990）对事前监督进行了研究分析，认为新的贷款在发放之前必须对借款人的情况进行调查，详细掌握有关借款人的如下信息：借款用途、以往还款记录、现有的抵押品质量和抵押状况、资本实力、还款可能性等。事前监督是为了能够清楚了解借款人的情况，以控制债务呆坏账的风险。对于首次签订的债务契约来说，事前监督显得更为重要。由于银行具有很强的专业化优势和债权规模以及债务涉及的范围较为广泛，因此，相对于其他债权人的监督来说，银行进行事前监督更具规模效应，并且具有专业化程度较高的监督水平，银行债权人比一般的投资分析机构更能有效地对贷款进行评估，银行进行事前监督的动机要比其他债权人的监督动机更为明显。

事前监督是债权人介入公司债务治理的开端，良好的事前监督有利于债务治理的完善。

2）事中监督

签订债务契约之后，在债务偿还之前的一段时间内，债权人主要围绕其"债权"采取各种手段进行管理与监督，以确保债务人遵循债务契约，即债权人要监督借款人是否按照合约规定使用资金、借款人的金融状况是否符合合约要求等，这种监督可以防止借款人的"道德风险"。无论对于有长期债务合约的债务人，还是对于没有信用记录的新建债权债务关系的债务人，债权人的这种监督都是非常必要的，这种监督被称为事中监督（Interim Monitoring）。Tirole（2001）将事中监督分为积极监督（Active Monitoring）和被动监督（Passive Monitoring）。积极监督的含义是指债权人不仅监督企业的偿债能力，还直接参与债务人（企业）发展规划的制定，直接介入企业项目未来发展的制定，有利于帮助经营者更好地经营企业，防止经营者懈怠，降低代理成本，提高企业的盈利能力。被动监督是指债权人通过监督企业的经营活动来分析债务人的经营活动，如果债务人的行为有可能威胁到债权时，债权人才进行干预的一种监督方式。这种监督的目的是为了防止借款人的还款能力受到损害，保证债权的安全，维护债权人的基本利益。

3）事后监督

事后监督是为了保证债务能够确实按照债务合约于债务到期时如约偿还。一般来说，普通的投资者很难判断债务人的真实信息或者因获取真实信息的成本过高而放弃对信息的管理，债务人存在隐瞒财务状况的可能，也有逃废债务的可能。但银行作为大债权人的代表，相对于其他债权投资人而言，由于其所拥有的专业化优势和规模优势，拥有可及时、全面地获取债务人各种信息的条件，有抑制信息不对称风险的能力，从而能防止债务人的各种逃废债务的行为。此外，对于经营不善的债务人，银行有实力通过减免债务、债务展期、高管更替等手段进行重组，以减少债权人的损失。

2.3　文献综述

适度负债不仅有利于对管理者的机会主义行为实施监督与控制，降低代理成本，而且，债务还可以向市场传递有关债务人的经营质量和成长性信息。经典治理理论已经肯定了债权人监督作用的存在，大量经济学者的理论模型及研究都证明了负债具有监督、控制作用及信号传递作用。

2.3.1　债权人监督与债务治理研究综述

金融资本理论认为，银行债权人通过信贷资本支配社会资源，为企业扩张投资提供资源，并利用银行债权人的专业化优势和信息化优势，对企业实施控制和监督，信贷资本具有很强的治理作用。Leland 和 Pyle（1997）研究认为，银行债权人通过筛选机制和监督机制，减少和消除信息不对称，提高信息可信度，减少由于道德风险所引起的交易成本。Diamond（1984）认为净成本优势是银行对债务人实施外部监督的动力来源。Stiglitz（1985）提出应由银行、贷款者实施控制职能。Fama（1985）和Rajan（1992）都认为，银行具有处理信息不对称问题的优势，能够实施有效的监督。Diamond（1991）、Hart和Moore（1994），以及Herring和Chatusripitak（2000）都认为，银行债权人介入公司债务治理可以减少代理问题，发挥监督作用。Leftwich（1983）研究发现，债权人会与债务人签订不完全遵循GAAP①的借款条款以更好地维护其利益。Watts（2003）认为，债务是引起会计谨慎性的一个重要因素。相对于股东来说，债权人比较保守，更多地关注企业资产的变现能力，通过监督债务人行为以保障自己的利益。一般来说，债权人在契约签订时会适度加入限制性条款，要求企业在投资及会计政策的选择等方面采取谨慎原则，企业的债务负担越重，限制条件就越严格。显然，债务契约中的限制性条款对公司的经营行为产生了一定的约束。Low等人（2001）将融资理论与红利政策结合在一起，检验了银行监督和企业红利相互传递信号并研究了二者是如何解决信息不对称问题的。研究表明，对于小企业而言，投资者把红利决策解释为银行监督的功能，新型良好的银企关系是解决信息不对称的有效手段。

国内学者对银行债务治理的研究也取得了一定的成果。吕景峰（1998）以国有商业银行在国有企业中的治理效应为中心进行研究，发现国有商业银行对国有企业实施的债务治理表现出无效性，债权治理作用没有得到发挥。于东智（2003）的研究显示，公司债权治理作用与公司绩效之间存在着密切的逻辑关系，该研究表明债权本身是有治理作用的，但因我国上市公司治理受诸多不确定因素影响，使债权治理表现出无效。杨兴全（2002）研究认为我国还不存在债务治理发挥效应的条件，缺乏债的激励机制。叶向阳（2004）得到类似的研究结论，即在我国债权融资对公司治理影响很小。邓莉、张宗益、李宏胜（2007）的研究以2001—2004年作为数据窗口，对银行债权治理的现金流效应、代理成本效应，以及银行债权期限结构的治理效应进行了分析，结果表明，我国银行贷款对借款公司的治理效应都没有显著影响。叶向阳（2004）从契约理论和代理理论两个层面分析债权治理机制，认为应建立自由现金流、信号传导机制、相机控制权分配机制以及代理成本机制。杨应全（2002）研究指出，债务治理效应从三个方面考察，即债权治理效应、股权结构效应、自由现金流效应和担保机制。杜莹、刘立国（2002）认为债务治理效应主要包括负债本身的激励约束机制、相机控制和破产程序、银行监控。胡鞍钢、胡光宇（2004）不主张在我国现阶段实行银行介入公司债务治理；而张新民（2003）则主张充分发挥银行等机构投资者的相机治理机制。孙铮、刘凤委、汪辉（2005）从债务治理机制影响会计稳健性的

---

① GAAP(Generally Accepted Accounting Principles)是指一般公认会计准则。是包括适用于各个不同行业企业的从会计的基本概念、基本假设等基本原理到具体会计计量和编制财务报告的程序及方法的规定。

角度出发，认为当企业陷入财务困境时，债权人会要求企业采取更加稳健的会计政策。陈小怡和何建敏（2006）的研究表明，银行监督的缺失造成上市公司的"资金黑洞"和"担保圈"，由此直接导致银行资产的不良循环以及举债公司治理效应的下降。杜飞轮和张海鹏（2007）的研究也发现，债务的治理功能没有能够得以发挥，国有公司债务治理效应更低。邓莉等（2007）的研究结果得出了这样的结论：无论短期还是长期，银行贷款对我国上市公司的治理效应都没有显著影响，说明银行对贷款人经营活动未能发挥有效的监督作用。陈晓红等（2008）也发现中小企业债权综合治理机制①对企业成长并没有产生应有的促进效应。

上述文献都揭示了我国债务治理效应较弱，债权人治理积极性弱化的现象，但研究都没有详细考察银行债权人的治理效应，而且这些研究都处于我国金融生态环境没有发生根本性改变的早期，研究所处的治理环境与现在的治理环境差异较大。邓莉等的研究虽相对比较接近当前的治理环境，但研究对象的时间窗口却选择了2004年以前，也就没能得出理想的结论。

2.3.2 债权人治理与代理问题研究综述

从内生角度研究代理问题，其研究结论认为负债是一种能够抑制内部控制人代理成本、提高企业价值的治理工具。Jensen（1986）认为，负债具有监督和控制效应。由于到期债务要求企业用现金偿付，将减少经理人员可用于谋取个人私利的"自由资金"，这可以起到缓和经理人员与股东之间冲突的作用，也就是说负债融资对公司治理具有正的效应。Zwiebel（1996）等人建立的"代理理论模型"中对负债控制效应假说做出了新的解释，他们的研究发现经理人对非现金流控制权的追求远大于对现金流控制权的兴趣。Grossman 和 Hart 的担保模型认为负债能够促使经营者努力工作，减少享受成本，从股东利益出发选择最优投资。担保模型证实负债是一种担保机制。Harris 和 Raviv 的债务缓和模型则证实经理和股东的冲突源于对经营决策的分歧，当企业面临经营危机时，实施破产对股东更有利，而经理人对控制权的需求促使其选择继续经营而非破产，契约本身无法消除这种冲突，但企业债权人拥有的破产要求权则起到了保护投资者利益的治理作用。Masulis（1983）所进行的实证结果表明，在一定数量区间内，企业负债增加能提升公司股票价格和公司绩效。Jaggi 和 Gul（1999）研究了企业的投资机会、自由现金流和负债之间的关系，发现低成长性公司的负债与自由现金流量呈不显著正相关，而大公司则呈现显著正相关。因为自由现金流量较大的公司会使用更多的的负债来降低代理成本，尤其是在公司的投资机会较差时。Repullo 和 Suarez（2000）开发了一个创业企业在银行和市场之间进行融资选择的模型，研

---

① 债务综合治理机制包括偿债能力、债务融资程度、资产期限、债务期限。

究认为银行监督降低了企业家和债权人之间的道德风险。Shepherd等（2008）发现，在存在银行监督的情况下，自由现金流与公司价值表现出明显的正相关，特别是在企业代理成本较高时，得出了银行监督是公司治理的一种附加机制的研究结论。Ivashina等（2009）研究了银行和银行债务在控制权市场中的惩戒作用，发现银行借款强度和贷款客户群数目与举债公司被接管的概率具有显著的正相关。而且当目标企业和收购者与同一家银行有关系时，这种相关性更大。Coughlan和Schmidt（1985）、Weisbach（1988）、Gilson（1989）所进行的实证研究也表明，债权在抑制代理成本、改善公司绩效等方面都有很好的治理效应。

国内学者围绕着债务对代理成本的作用的研究虽然没有国外研究那么丰富，但也有一定的发现。田利辉（2005）从债务融资和经理代理成本协同关系的产生原因入手，研究发现国有控股公司显著地存在着债务融资增加经理代理成本的现象。李世辉、雷新途（2008）根据我国中小上市公司数据研究债务治理对代理成本的影响，结果显示债务对显性代理成本影响显著，而对隐性代理成本的影响不显著。刘晓霞（2011）从公司法外、公司法内以及公司治理三个层面分析得出了债权人应当参与公司治理的结论。刘迎霜（2010）分析研究了债权人参与公司债务治理的法律制度和机制，提出债权人会议制度、诉讼制度等。苏正建、牛成喆（2006）研究发现债权人参与公式债务治理具有可操作性，有助于实现其他利益相关者的财务目标。

2.3.3 债务与公司绩效的研究综述

Jensen and Meckling（1976）研究指出，在企业外部融资总额和经营者持股数额不变的情况下，债务的增加能提高经营者的持股比例，从而激励经营者与股东目标相一致。Jensen（1986）、Stulz（1991）研究认为，债务到期清偿对自由现金流量具有硬约束，进而约束了经营者的过度投资行为，Jensen把债务的治理作用称为负债的相机治理作用。Billet等（1995）研究发现，公司信誉等级越高，权益报酬率越高。Byers等（2008）发现内部公司治理较弱的企业，负债更有可能给公司代来正效应。May（2008）研究发现，银行监督能弥补股东对管理层监督与控制的缺失。

国内学者对债务与公司绩效的研究也取得了丰富的成果。汪辉（2003）通过对中国上市公司的研究表明，公司的债务比例与公司市场价值正相关。唐松、杨勇、孙铮（2009）的研究证明在我国金融生态环境较好的地区，债务治理作用明显；相反，在金融环境较差的地区，债务治理作用并不显著。张振强等（2008）研究发现，债务比例低、规模小以及非国家控股的公司的债务治理作用明显大于债务比例高、规模大及国家控股的公司。张勋民（2005）研究发现，不同的债务比率对公司价值的影响不同，二者之间非单调性关系。范从来、叶宗伟（2004）

的研究结果表明上市公司经营业绩与债务比例显著正相关。而国内有些学者的研究却得出了相反的结论。比如于东智（2003）就认为债权治理表现出软约束的特征，债务对公司绩效不仅没有积极效应，反而降低了公司的绩效。国内还有很多学者的研究也都得出了类似的结论（李义超、蒋振声，2001；杜莹、刘立国，2002；梁晶，2003；欧卫超，2006；袁卫秋，2006）。王敏、刘东荣（2006）分别考察了业绩好与业绩不好的两组样本公司的债务治理效应，发现业绩好的公司债务融资效应大于业绩较差的公司，并且在业绩好的公司中，债务融资效应随债务融资比例的增加而增加。杨兴全（2004）研究认为，短期债务对企业清算和自由现金流量有显著的治理效应，长期债务对公司投资过度或投资非效率有显著治理作用。周艺（2004）认为债务治理效应不仅受债务融资规模的影响，更取决于债务的治理机制。张慧、张茂德（2003）研究发现，上市公司负债期限结构与公司治理绩效之间存在着密切的关系。袁卫秋（2006）发现，债务期限和债务总额均对上市公司的经营业绩具有显著的影响，但债务规模的影响作用远大于债务期限结构的影响，规模越大债务治理效应越低。

3 债权人参与公司债务治理的环境

公司债务治理机制在解决代理问题中的确发挥着作用，但是，要使内、外部机制充分发挥作用，不仅需要强有力的制度保障，还需要有良好的环境基础。同样，研究债务治理就需要充分认知债务治理的各种环境因素，包括债务融资环境（经济环境、法律制度环境、市场环境、金融环境）、债务治理环境、债权人参与债务治理环境等，因此，研究中国的公司债务治理问题，必须首先研究中国上市公司所处的各种特殊环境因素以及这些环境如何变化，这是非常重要的。

3.1 债务融资的外部环境

公司的融资环境有内部融资环境和外部融资环境，本书主要分析公司外部融资环境。公司资本是由股权资本和债务资本构成，合理的资本结构是指实现公司价值最大化状态下债权与股权资本的比例。就债务来说，企业的债务来源有多种方式，同时，企业所需债务资本不可能只依赖一种方式，应当是以银行借款、商业信用、债券等共同构成，并且各种债务方式在债务结构中应保持适当的比例，从而达到企业价值最大化。但是，目前从我国上市公司的总体上看，公司对债务融资具有很强的依赖性，特别是依赖银行借款这一间接融资，银行借款在公司债务融资中占有绝对比例。从2001年至2010年的资产负债率水平和趋势来看，年均资产负债率在70%左右，其中银行借款占到很大比例，这种负债的规模和比率状况为债务治理研究提供了强有力的现实环境。

由于我国上市公司股权融资约束条件较为严格，导致上市公司更倾向于通过负债融资来满足公司的资金需求。20世纪90年代中期以前，我国上市公司股权融资限制条件较少，特别是股权再融资无约束性，导致公司再融资主要依赖股权融资，但从1997年之后，政府提高了股权融资门槛，严格规范了配股、增发等融资行为，如上市公司年均净资产收益率连续3年不得低于10%、两次配股或增发的时间间隔限制在1年以上、配股比例不得超过股本的30%等，致使一些不具备股权再融资的上市公司将目标投向负债。到21世纪初，我国政府进一步严格了配股、增发、新股等发行的约束条件以及国有股减持等因素的影响，上市公司发展所需资金更加依赖于债务，债务占公司资本的比率一路攀升，近10年来，一直处于70%的高比例状态。

就我国当前上市公司资本结构状况来看，突出表现为两大特征：一方面表现为如前所述的债务比例较高，特别是短期债务比例较高；另一方面，表现为银行借款在债务中占有绝对比例，即债务结构中以银行借款为主，而其他债务方式（企业债券、商业信用等）占有的比例却较低。根据数据显示，近10年来，银行借款占上市公司债务融资（不包括债券融资）的比例年均在90%以上。上市公司的债务融资方式主要是以银行借款为主，对其他的债务融资方式关注较少。同时，根据相关调查资料显示，规模越大的上市公司越倾向于银行借款，经营亏损的上市公司，尤其是ST公司，其再融资和获取进一步发展的机会则更依赖银行借款。

上市公司高负债、高银行借款的现实状况为研究债务治理提供了现实环境。这种状况除了股权融资的约束之外，更主要根源在于我国的政府控制、法律制度环境、金融环境、市场环境等因素。

3.1.1 政府控制

不论是处于市场经济中的发达国家还是处于向市场经济转型阶段的发展中国家，在社会资源分配方面，政府都具有垄断权，政府垄断导致寻租行为并对经济产生负面影响（Murphy、Shleifer和Vishny，1993）。近年来，学术界开始关注债务市场上的寻租行为。La Porta等（2002）对92个国家的银行所有权进行考察发现，多数国家的银行都被政府所控制，寻租现象普遍存在。Cull和Xu（2005）、Johnson和Mitton（2003）、Khwaja和Mian（2005）以1996到2002年间巴基斯坦93 316个公司的借款经验数据为基础，研究了有政治联系的公司对银行借款的寻租行为，研究结果显示：与政府关系密切的企业更容易获得银行贷款，而且这些公司逃废政府控股的银行债务的现象严重，债务违约率较高。Charumilind、Kali和Wiwattanakantang（2006）以1997年泰国的270家非金融类上市公司为研究对象，发现具有政治联系的上市公司获得了更多的银行长期借款，且需要提供的担保物（Collateral）更少。Faccio、McConnell和Masulis（2006）的研究进一步证明，与政府关系密切的企业容易获得银行支持的更可能原因是隐性担保，他们的研究证据显示政治关系密切的企业在财务危机时更容易获得政府的财政补助。

中国由计划经济向市场经济的转轨已经历了20多年，市场机制在资源配置中的作用逐步增强。但是截至目前，政府的转型尚未彻底，政府实际上仍掌控着绝大部分的重要资源，政府仍在资源分配过程中给予国有企业许多优惠和扶持，也就是说政府在一定程度上掌控着国有企业的命脉，对于银行信贷政策的制定及执行也占有绝对的控制地位，尽管原来的四大国有银行已经进行了一系列的市场化改革，但政府仍然对银行高管的任免以及重大事项的决定有绝对控制权。国有企业在一定程度上能获得更多的政府扶持，更容易取得银行借款，这在信贷紧缩时表现得更为突出。陈晓和李静（2001）、李增泉、余谦和王晓坤（2005）等的研究都显示政府通过财政补贴和并购重组扶持国有企业；林毅夫和李志赟（2004）在一个动态博弈的框架下考察了政策性负担与转轨经济中企业的预算软约束问题，研究结果表明企业贷款存在预算软约束，国有企业能够通过各种方式获得政府的补助。

由此来看，政府控制不是中国特有的现象，只是发展中国家比西方国家表现得更为突出，这是历史原因导致的。然而，西方的经验显示，即使在政府控制状态下，债权人治理仍是有效的，这就说明导致债权人治理无效或低效的原因并不在于政府控制问题。

3.1.2 法律制度环境

法律制度环境是债务治理环境中的一个重要子环境。制度是一个社会的游戏规则，这些规则制约活动参与者之间的关系，在利益激励机制的作用下，制度结构决定了经济活动参与者的行为和利益。新制度经济学认为，交易成本影响契约的签订和执行，法律制度和金融市场的完善有助于降低交易成本。

在委托代理理论、交易费用理论和新制度经济学的理论引导下，制度环境对债务契约及债务治理的影响已经引起学者的广泛关注。

市场经济是建立在广泛的契约化基础上的，由制度环境所引致的契约成本（或交易成本）对组织结构及组织的发展具有重要影响（North，1981，1990）。契约目标就是在给定的法律制度环境下实现契约成本最小化。比如债务契约，由于债权人的风险主要来自本息能否按契约条款收回，而该风险则主要受制于债务人的偿付能力和相关的制度。

近年来，大量的研究证明了法律制度环境对公司债务治理具有重要影响。比如 LaPorta 等人的一系列研究发现：投资者法律保护程度与其上市公司的股权集中度负相关，与其上市公司的股利支付比率正相关，与其上市公司的公司价值正相关，与其资本市场的发达程度正相关，具有良好政治关系（Political Connection）的企业更容易或者以更低的利率获得银行（特别是国有银行）的贷款，这些企业在陷入困境时也更容易得到国家的财政扶持等。这些研究说明，法律体系在很大程度上决定了公司治理的结构和水平，良好的公司治理必定要以有效的投资者法律保护为基础。

我国于1990年设立证券市场，1996年中国人民银行颁布了《主办银行管理暂行办法》，在全国范围内的7个大型城市的300家国有大中型公司展开了主办银行制度试点，取得了一定的成果，债权人治理在法律实践中得到肯定。同年，颁布了有关银行向企业派出监事的有关规定，银行可以向公司派出监事，这些法律规定促进了银行积极参与债权治理。1998 年出台的《中华人民共和国证券法》将投资者纳入法律保护规范，但没有明确提出对债权投资人的保护以及明确债权人的治理地位。2003 年颁布的《中华人民共和国商业银行法》4 章 48 条规定，企业事业单位可以自主选择一家商业银行的营业场所开立一个办理日常转账结算和现金收付的基本账户，此规定加强了银行和企业的关系。

综上所述，从国内的实践来看，银行参与治理已得到基本认可，银行在公司治理中的地位和治理作用也已得到肯定。

但是，中国的银行制度及公司债券市场改革与发展，自始至终都受到政府的隐形控制，且这种控制常常表现为一定的强制性，严重影响了资源配置的市场化。总的来说，中国的债务融资制度属于政府供给主导的强制性制度，融资特征表现为：债务结构失衡、制度非连续性、政府偏好和效应函数决定了金融工具和金融机构的设置等，制度变革是动态博弈均衡，在企业债务融资制度变迁从一个博弈均衡到另一个博弈均衡的动态过程中，政府和企业是两个最重要博弈方，企业债务融资制度变革取决于二者的行为偏好和谈判实力。

3.1.3　金融环境

委托代理理论和交易费用理论都认为债务是公司治理的一项重要机制，负债能够约束和激励经理人行为，降低代理成本，在规模一定的情况下，负债可以改进经理人业绩的可观测性，债权人的专业化优势和信息优势约束经理人与投资者利益，即债权人在债务公司的治理中发挥重要作用。但是，债务人和债权人的作用发挥受一定的金融环境的影响，债务治理效应的好坏同样受到金融环境的影响。首先，债权债务的契约双方必须成为独立的、真正的市场主体。其次，债务契约的能否有效履行取决于金融体系是否完善。债务契约有效履行是债务治理效应能否发挥作用的关键，金融环境则是债务契约有效履行的关键因素。Alchian（1965）指出，产权的不同界定给人们提供了不同的激励约束机制。产权界定不清晰，会导致资源配置及使用效率低，削弱资源使用者有效使用资源的积极性。反之，产权界定清晰，会激励资源使用者提高资源的使用效率。产权制度的作用机理在金融资产的配置和使用方面表现得非常显著。首先，金融发展水平高的地区，政府控制相对较低，银企关系清晰，银行债权人和企业债务人均是独立的市场主体，银行在信贷决策制定与执行方面具有一定的独立性，独立承担风险和获取收益。在这种环境下，银行有很强的动力关注信贷资金的收益和风险，而银行债权人的收益和风险来自于举债企业的经营业绩和经营风险，因此，银行有很强的激励和动力关注债务人的经营活动和财务状况。当债务人出现危机时，银行会及时采取措施以保护自己的利益。同时，金融发展水平越高，金融市场的竞争越激烈，银行出于自身经济利益最大化的考虑，有较强的激励通过信贷发挥对债务人（企业）的治理作用。而银行的监督、本息支付的压力、契约的法律约束力、破产的威胁等也迫使企业经理人努力经营，银行在治理债务的同时又对经理人行为产生了激励作用。其次，在金融发展水平高的地区，契约的内容较完备，契约的法律效力较高，契约的签订成本、执行成本、维权成本都较低，银行通过更加完备的契约和较低的成本，一方面保护自身利益，另一方面对债务企业执行契约和努力经营起到了一定的监督和控制作用。这些在很大程度上激励企业经理人员努力经营，改善经营业绩，履行契约责任，使银行的债务治理的作用得以发挥。

由以上分析可见，债务人参与债务治理以及债务治理效应的提高，很大程度上受金融环境的影响，国内外对于金融环境对债务治理的影响的研究取得了一致的结论，即金融环境是影响债务治理的一个重要因素。金融发展水平越高，金融市场越稳定，公司越倾向于债务融资；公司的债务水平与公司绩效正相关。

Thies 和 Klock（1992）以制造业公司为研究对象，通过分析资本结构中各要素与销售增长率（作为环境变化替代变量）之间的关系，发现销售波动性加大（即环境不稳定），长期债务有所下降。他们的研究结论支持了环境影响资本结构的理论。Simerly 和 Li（2000）对环境动态性、资本结构与公司绩效之间的关系进行了理论整合与实证检验，他们以美国上市公司为研究对象，结果发现：公司环境稳定，债务融资比例高，有利于提高公司绩效；公司环境动态性强，高债务不利于公司绩效的提高。这一研究结论证实了金融环境与债务治理效应之间是正相关的。

我国是一个金融环境动态性较为显著的转轨经济国家，金融市场仍然是一个新兴市场，我国学者对于金融环境对公司债务治理的研究结论虽没有取得完全一致的结论，但都一致认为金融环境对债权债务人都有着重要影响。

曾德明等（2004）研究了1997—2001年间上市公司的环境动态性，以及资本结构与公司绩效，结果表明，环境动态性影响着负债的治理效应，动态环境下，负债与公司绩效负相关，而在稳定的环境中则呈正相关。谢德仁和张高菊（2007）利用2001—2004年上市公司的数据，研究了金融环境与负债的治理效应，研究发现，切实改善金融生态环境，提高金融机构等的经营独立性和信贷风险控制能力，对促进公司负债发挥治理效应是非常重要的。谢德仁和陈运森（2009）对2001—2004年间上市公司债务重组与金融环境以及终极控制权与债务治理效应进行的研究发现：金融生态环境较好的地区，公司负债水平与债务重组之间表现为较弱的正相关关系；在金融生态环境较差的地区，国有控股公司的负债水平与债务重组之间也表现为较弱的正相关性；而在金融生态环境较好的地区，非国有公司负债水平与债务重组则显著负相关。该研究说明，金融生态环境有助于负债发挥治理效应，但债务的治理效应会被政府的"父爱效应"①所削弱。该研究实证了金融环境对债务治理效应的发挥有促进作用。唐松等（2009）以我国2000—2006年上市公司为研究对象做了实证分析，发现在金融发展水平高的地区公司价值比金融发展水平低的地区公司价值多0.54个百分点，这一研究结论说明债务的杠杆效应受金融发展水平的影响较大，金融发展程度越高，债务治理效应越显著，越有利于提高公司的价值。

目前国际上主要有两种金融体系：一种是以金融市场（这里是指狭义的金融市场，是指票据、有价证券发行、买卖、转让等的市场）作为主导的金融体系；另一种是以银行作为基础的金融体系，即银行在金融体系中占据主导地位。我国目前的金融体系属于后一种，这与我国的政治背景和经济发展历程有一定的关系。

自20世纪70年代末始，中国开始了由计划经济向市场经济转轨的改革，经过20多年的改革，市场机制不断完善。随着经济体制改革的不断深入，政府职能不断转变，金融体制改革也应运而生，银行业不断发展，逐步占据了金融体系的主导地位。国有商业银行在市场化转型方面也取得了一定的成效，绝大多数的商业银行已经按照国际准则与操作标准，建立了信贷制度，信贷资产质量的评价和考核体系也逐步完善。民营控股的股份制银行的设立是金融体制改革的一个新的突破点。银行业的改革先后经历了专业化、商业化、市场化三个阶段。银行业的市场化和股份化将银行推向了市场，政府干预程度有所下降，银行成为了真正意义上的市场主体，拥有了企业属性，银行自身的管理体制、公司治理结构、经营机制、内部控制等基本完善，随着银行业竞争机制的引入，竞争不断加剧，银行在追求市场份额、利润等的同时，不断加强风险控制，对债权的事前、事中及事后进行监督控制，并有动力和能力帮助负债公司摆脱财务困境，这些都表明银行在公司债务治理中的作用不可忽视。银行的专业化优势、资金优势为其参与债务公司治理提供了坚实的基础。随着全球经济一体化的发展，银行业竞争机制的引入，我国四大国有商业银行（工农中建）的传统业务分工也被逐步打破。

以上分析，足以证明我国银行债权人具备了参与公司治理的金融环境。

3.1.4 银企关系

关于债权人参与公司治理的研究主要集中在德国、日本、美国以及转轨经济国家。在德国和日本，银行作为债权人，积极参与债务公司治理，对债务人的监督控制作用表现非常明显，其原因除了实施主办银行制度外，还受公司属性的影

---

① "父爱主义"的结果。"父爱主义"是由匈牙利经济学家亚诺什·科尔内提出的，其用于经济学的主要思想是指个人或国家可以为了自身的利益而对他人的行为进行干预。在这里比喻政府为援助国有企业而对国有企业、银行等实施的行为干预，比如预算软约束等。

响。这些国家的公司属性表现为是以利益相关者的共同利益为主导的共同体，银企之间是一种相对封闭的双边关系，银企关系较为紧密。而在转轨经济国家，银企关系复杂，存在严重的内部人控制问题，债务人逃废债务的情况很严重，导致了巨额的银行不良资产，严重损害了债权人利益，影响金融体系的改革与发展。在20世纪90年代，世界银行掀起了关于银行在公司治理中作用的国际性研究，研究提倡实施以银行为基础的金融体系，并将这种金融体系推广至发展中国家的新兴市场经济中，研究的目的在于通过金融体系的改革完善公司治理，明确银企关系，充分发挥银行参与债务公司治理的作用。

由于我国是由计划经济体制转向市场经济体制的，金融体系、银企关系等方面存在的问题较为突出，这些问题也一直阻碍着公司治理的完善。改革与发展金融体系、明晰银企关系成为维护金融稳定、改善公司治理的主要问题。这些问题的解决，一方面可以为上市公司募集债务资金提供宽广的、稳定的来源，另一方面也成为上市公司债务治理中的关键环节。刘力（1996）研究指出，由于我国国有企业与国有银行在所有权上具有"同源性"，二者之间不存在利益上的根本冲突，也就不存在相互制约关系，"隐性契约"必然存在于银企之间的债权债务关系中，很难形成严格的债权债务关系，使债权债务关系虚拟化，契约强制性较弱。债权债务关系的这种特殊性导致债务契约及债权人对经营者行为缺乏实质性约束，债权人无法真正参与债务公司治理。

我国是发展中国家，属于典型的转轨经济，内部人控制问题严重，上市公司总体经营绩效不高，侵害债权人利益的现象普遍存在，逃废债务状况严重，这些都影响了银行业的正常发展，阻碍了整个金融体制的改革。如前文的数据显示，在上市公司负债融资中，银行贷款占有重要的地位，银行是债务公司的最大债权人。因此，处理好银行与企业的关系，强化银行参与债务公司治理等课题，是当前我国学术界和实务界研究的重要课题。

3.2 银行债权人参与公司债务治理的优势

已有的关于"公司内部环境对融资决策的影响以及公司治理的效应"问题的研究，尚未取得相关理论的完全支持，在这种情况下，国外的学者开始着手研究公司外部制度环境因素对公司融资决策和治理的影响，研究结果一致认为，外部融资制度对债务融资决策和债务治理有着重要的影响作用。可见，已有的研究表明，债务及债务提供者在公司治理中具有积极的作用。

国外关于债权人参与公司债务治理的研究认为，银行有动力和能力对债务公司实施控制监督，而且监督效应较大。金融资本理论（代表人物鲁道夫·希法亭，1910）认为，银行通过信用资本支配社会资源，促进产业资本的扩张，并利用金融优势地位控制和监督企业，金融资本对企业有较强的控制作用。随后，一大批金融资本理论的追随者对此做了大量的研究，并一致认为金融机构是公司的主要资金提供者，并掌握着举债公司的实际控制权，企业普遍对金融机构有很强的依赖，一旦金融机构停止对企业的贷款，企业将终止其正常经营。20世纪80年代后，金融中介理论兴起，该理论对债权人（银行）参与债务公司治理的研究得到了与金融资本理论一致的结论。根据现代金融中介理论，金融中介机构与债务人的关系实际上是由契约形成的一种委托代理关系，而委托代理双方的利益与目标存在不一致性，委托人无法直接观测代理人行为，委托人必须对代理人进行监督控制，约束代理人行为，或者激励代理人行为以满足委托人利益。由于存在信息不对称问题，债务契约签订后，委托人就必须对借款人实施一系列监控，比如，评估借款人的现金流量、担保品、信用等，监督并防止借款人的不当行为；一旦借款人陷入财务困境，委托人还必须审核债务人的具体情况做出债务延期、追加贷款或者对借款人进行清算或破产的决定。金融中介理论的代表人物对债权人参与公司债务治理进行的研究都发现债权人参与公司治理是有效的。Leland 和Pyle（1977）研究认为，银行有能力对准借款人进行筛选及对实际借款人实施监督，这样能减少和消除信息不对称问题，减少道德风险，从而降低交易成本等。Douglas（1984）研究指出，银行具有净成本优势、信息优势、专业化优势以及规模优势，使银行有动力对债务人进行相应的监督控制。Stiglitz（1985）提出应由银行或委托人对债务公司实施控制，而不是由证券所有者。

到20世纪90年代后期，随着金融发展与经济增长以及法律和金融研究的逐渐兴起，关于金融发展在经济增长中的作用受到了理论界的广泛关注。Demirguc-Kunt 和 Maksimovic（1996，1999）以及 Giannetti（2003）的研究都表明，法律对投资者的保护和金融发展对公司的融资决策具有重要的影响，但是这些学者只是简单地考察了法律对投资者的保护和金融发展对公司融资决策的影响，而没有深入地研究法律和金融体系的功能会如何影响公司的融资决策。对于债务治理，学术界也开始进行跨国研究，分析各国不同制度背景下债权人治理问题，特别是银行参与公司治理的机理。Nakamura（2002）对公司银行贷款的研究表明，尽管日本银行经营逐渐恶化，但银行仍在公司债务融资中起到了显著的作用，因而也影响公司治理。Batten 等（2003）从日本公司的资金流动数据入手，证明以银行为主的金融市场体系导致严重的逆向选择和道德风险问题，建议大力发展日本的公司债券市场。Agarwal 等（2004）研究了发展中国家金融市场对于公司融资选择的影响，他们通过公司层面的面板数据发现股票市场会在一定程度上抑制债券市场发展，而银行业的发展则会推动债务融资。Rajan 和 Zingales（1995）以 7个发达国家的 3 000 多家公众公司为样本，研究发现并总结出了各国的制度环境影响着资本结构决策的理论基础。Booth、Aivazian、Demirguc-Kunt 和 Maksimovie

（2001）分别以 10 个发展中国家的 700 多家公众公司为样本，考察了这些公司的平均税率、有形资产、商业风险、规模、盈利能力和成长性对公司资本结构决策的影响，发现虽然各国公众公司的资本结构决策都受到公司的规模、成长性和盈利能力等因素的影响，但是国家间制度环境的差异也同样对公司的资本结构决策存在着重要的影响，研究结论与 Rajan 和 Zingales 的研究结论基本一致。

国内学者对于债务及债务提供者在债务治理中的作用研究也取得了一定的成果。吕景峰（1998）研究认为，我国国有企业资本结构的根本缺陷是未能成功地保障债权作用的充分发挥，作为债权人的国有银行并没有在国有企业的治理结构中得到其应有的地位，而高负债率问题只是表象问题。倪铮、魏山巍（2006）通过对上市公司债务融资和公司价值关系的实证分析和信号模型检验发现，债务融资在一定限度内与公司价值具有显著的正相关关系，同时还发现，债务增加能向市场传递积极的信号。陈晓等（1999）指出，虽然我国股权融资成本远低于债务融资成本，但债务融资依然能够降低公司的融资成本以及提高公司市场价值。唐松等（2009）运用新制度经济学的基本理论以 2000—2006 年在我国沪深两市 A 股上市的公司为研究对象，实证分析了金融发展促进经济增长的微观作用机制，研究发现，若债务比例增加一个百分点，金融发展水平高的地区，公司市场平均价值比金融发展水平低的地区公司价值高出 0.54%，得出只有在金融发展水平高的地区，债务融资与公司价值才存在正相关关系的结论。这一研究结论表明，金融发展水平对债务治理作用的发挥有重要影响，公司所处地区的金融发展程度越高，债务治理的作用越强，越有利于提高公司的价值。青木昌彦（2001）对日本主银行制度的研究提出了债务融资的相机治理机制。即，当企业经营处于良好状态时，企业的控制权掌握在企业经理人员手中；反之，当企业经营状况恶化，且导致债务支付能力出现危机时，企业的控制权应由债权人接管，企业的实际控制权在合适的时候给予最有能力取得控制权的契约主体方。胡鞍钢、胡光宇（2004）研究指出，由于中国银行体系的非完全独立性，国有商业银行面临着艰巨的市场化改革，国有商业银行本身的内部治理存在诸多不完善的地方，银行介入公司债务治理存在一定的困境。

理论上讲，债务治理机制发挥作用的一个重要前提条件是：债务必须具有硬约束功能，债权人才有动机对债务人实施相应的监督与约束。但实践中，由于我国制度的不完善和市场化的银行体系尚未真正建立，我国企业的债务融资存在一定的软约束问题。王继康（2000）研究指出，人民银行应制定和完善有关贷款的规定以及商业银行联席会议（或银行同业公会）与企业信用评审通报制度，使主办银行制度更加完善，为银行实施相机治理、构筑新型的银企关系奠定广泛的制度基础。于东智（2003）研究指出，公司债权的治理作用与公司绩效之间存在着密切的逻辑联系，债权治理效应的初始条件应当是不同的制度因素与企业的独有特征。

就我国企业融资现状来看，银行贷款是我国公司资金筹措的重要外部资金来源，而且这种状况仍将会持续，从前文的统计数据显示的结果可以清楚地看到，银行业的不良资产主要集中在国有商业银行，而不良资产中大部分来自国有公司。

银行具有处理信息不对称问题的优势，债权人介入公司债务治理可以减少代理问题，因此，债权人参与上市公司债务治理、行使债权监督权，不仅具有强有力的理论基础，而且现实中也具有可行性。

3.3　本章小结

在中国，政府控制特征非常明显，特别表现在政府对国有企业的扶持方面，对银行等金融机构的直接控制，呈现出对国有公司的预算软约束。而我国大部分上市公司都是国有企业改制而来的，法人股占股本的绝大部分。上市公司运行方式实质上还是受国家控制，政府出于"父爱主义"对公司实行隐性担保援助的现象非常普遍，经常利用国有商业银行为国有企业提供信贷担保。政府与企业、金融机构之间的这种关系，削弱了金融机构对举债公司的治理积极性，致使债权人监督不到位，债务治理弱化现象普遍存在，国有上市公司仍然承担一部分政府的社会责任，同时，银行与国有企业的"双重产权"导致预算软约束，银行对企业的杠杆治理作用很容易弱化，甚至出现债权治理效果扭曲。

由于我国的政府、企业、银行间存在着复杂交错的关系，与企业治理密切相关的银行对于企业资本需求、财务困境等问题的解决，都发挥着重要作用。而且，相对于其他投资者，银行具有提供融资、传递企业质量信号并对企业进行监督的能力，其在公司治理中的作用是不可替代的。

中国资本市场20年的探索与改革，在各个方面都已经取得了一定的成果，政府职能、政府干预、法律制度、金融体系以及银行业的不断改革与完善，基本实现了与国际接轨；同时，在中观、微观方面也取得了较好的成果，公司（包括银行）内部治理及管理水平都得到了较大改善，这一切都为债权人参与公司债务治理提供了一定的基础。

4 债权人监督与经理人代理成本的实证分析

对于债务及其治理，从已有的研究中可以得出较为一致的结论：债务具有提高公司价值、提高股东利益、约束经理人行为等治理作用；并且大部分学者都认为仅仅改善内部公司治理机制是不能充分提高公司治理效应的，要完善公司治理还必须发挥企业的其他契约方主体的能动性，从而有效控制管理层代理成本。有相当一部分研究表明，银行债权人最有条件发挥这种监督功能。还有大量研究认为，监督管理层机会主义行为及保护债权人利益方面的相关法律环境在公司债务治理中也发挥着重要的作用；也有文献研究显示政府控制在某种程度上影响了债权人参与债务治理的效应等。因此，本章以债权人监督对经理人代理成本的影响为主线，将债权人监督作为一种外部治理机制，分析其与内部治理机制、政府控制和制度环境之间的关系，进一步分析对经理人代理成本的影响。本章的结构设计为：首先对债权人监督、内部治理、政府控制、制度环境及经理人代理成本之间的关系的相关理论及文献进行梳理，在此基础上提出研究假设；然后是实证研究设计；最后根据实证检验结果进行分析，得出本章的研究结论。

4.1 理论分析与研究假设

伴随着企业所有权与经营权分离，现代公司制度应运而生，进而产生了企业代理冲突问题，该问题一直受到学术界和实务界的广泛关注，但研究却极少考虑银行债权人的治理效应，直到金融资本理论提出了银行债权人的监督和控制作用后，学术界才开始关注债权人参与公司债务治理的问题。金融资本理论认为，银行通过信贷资金支配社会资源，并利用其优势地位可以对企业实施控制和监督，该理论认为金融资本对企业有较强的控制作用。国外研究已经形成了一致的研究结论——债权人最有动力和能力参与债务治理。Stiglitz（1985）指出，发达市场使得信息迅速建立并将产生免费搭便车问题，从而弱化了个体投资者获取信息的激励机制，而银行能对这方面的问题起到缓解作用。

在中国股东与管理层之间、股东与债权人及大股东与中小股东之间的代理冲突不仅存在而且冲突严重，而目前国内的研究大都认为债权人参与公司债务治理无效或低效，本章在理论及文献梳理基础上，针对股东与经理人之间的代理冲突，研究债权人监督对于此类代理成本的影响，结合内部治理机制和政府控制、制度环境因素，考察债权人监督的效应。以银行借款率作为债权人监督力度强弱的表现，以管理费用率和资产周转率作为经理人代理成本的替代变量，研究银行监督对经理人代理成本的影响，以及政府控制、内部治理和制度环境等对代理成本的影响，同时分析在影响经理人代理成本方面，政府控制、内部治理和制度环境与银行监督的交互关系。

4.1.1　政府控制及债权人监督对经理人代理成本的治理效应

国外的研究认为，债权人通过现金流约束、契约约束、专业化监督、破产机制等可以起到约束企业的内部委托代理冲突，缓解股东与经理人之间冲突，降低经理人代理成本，提高公司价值的作用。而我国大部分研究认为，我国存在与西方发达国家不同的经济环境和治理环境，特别是由于存在政府控制，研究结论显示债权人治理是无效或低效的。但国内已有的研究大都是以2007年以前的上市公司为研究对象，而对于我国后股改时代债权人参与公司治理及治理效应的研究几乎是空白。事实上，我国最近10年的改革取得了一定的成效，国有控股公司的数量大幅下降，政府对企业和银行的干预大大降低，银行独立市场主体的身份逐步确立，特别是2005—2007年上市公司的股权分置改革，使公司治理的逻辑结构大大改善，这种改善是否会改变债权人治理以及政府控制对治理的影响呢？

本书的研究正是以后股改时代的上市公司为研究对象，在预期股改对公司债权人参与治理已经产生了很好的效应的条件下提出本书的第一个研究假设（H1）。

H1：政府控制并没有改变银行监督与经理人代理成本之间的逻辑关系，即在非国有上市公司和国有上市公司中，银行监督的债务治理效应没有显著差异；同时，政府控制与银行监督在对经理人代理成本的治理方面具有一定的互补作用。

4.1.2　公司内部治理及债权人监督对经理人代理成本的治理效应

已有的文献中关于内部治理对经理人代理成本的研究相当丰富，学术界尚未形成统一的定论。Pound（1993）、Peiderer和Zechner（1996），高雷、宋顺林（2007）等研究认为，通过股权集中的方式可以减少经理人代理成本。曾颖和叶康涛（2005）通过构建一个两时点大股东掠夺模型，研究发现大股东持股比例与代理成本成倒U形关系，代理成本随大股东持股比例上升，但经理人代理成本表现出先升后降的状态，也就是说当大股东持股达到一定比例，其掠夺效应呈下降趋势，使得大股东利益与公司整体利益一致时，股权集中对经理人代理成本才有效应。范勇福（2006）认为，股权适度集中有利于公司长期稳定发展和实现公司价值最大化。宋力、韩亮亮（2005）实证研究表明，代理成本与股权集中度显著负相关，与股权制衡度显著正相关。Jensen（1986）认为管理者持股可以减少其与股东的利益冲突。但 Morck 等（1988）、McConnell 和 Servaes（1990）、Kole（1995）研究都指出管理者持股与公司业绩之间并非是线性关系。蔡吉甫、谢盛纹（2007）通过实证研究认为管理层持股在我国国有控股上市公司中不具有治理效应。就目前的研究成果来看，对于董事会及其规模、董事会独立性等对经理人代理成本的监督和约束效应的研究，学术界也没有得到一致的定论。

而理论和实践都已证明内部治理对经理人代理成本是不可能产生完全约束效应的，目前，大部分学者认为，公司债务治理依赖于公司内部与外部治理的共同作用，因为债权人作为外部治理的主要因素，拥有其独有的优势，具体表现为契约所赋予债权人的法律监督权力，以及债权人作为外部资金的提供者所拥有的信息优势。信贷契约对债务人施加了经营与财务的约束，比如，银行债权人要求债务人开设基本银行账户，这就使得银行能够控制债务人的现金流等财务状况，为实施监督提供了便利的条件；同时，债务人依据契约的法律约束必须向债权人提供相关规则信息，提供本企业的经营绩效和财务状况等信息。因此，债权人监督可以直接和间接影响债务企业经理人代理成本。鉴于此，这里提出本书的第二个研究假设（H2）。

H2：内部治理及银行监督有利于抑制经理人代理成本，在对经理人代理成本的约束方面，内部治理与债权人监督具有一定的替代关系。

4.1.3 制度环境及债权人监督对经理人代理成本的治理效应

两权分离是现代企业制度的本质特征，这就必然面临股东与经理人的代理问题，必然存在内部人控制问题，经理人作为内部控制人，其行为不一定完全是为了满足投资者利益最大化和企业利益最大化目标，甚至会牺牲投资者利益追求其个人利益的最大化。经理人牺牲投资人利益的手段主要表现为以下几点：经理人过分追求其享受成本降低投资人收益、非理性投资和过度投资（比如追求高风险高回报项目等）损害投资人利益、消极怠工损害投资人利益的增长、隐匿和延迟公告财务信息以使投资人不能做出正确判断而产生投资损失、泄露公司经营秘密使公司及投资人利益受损、与股权投资人合谋以损害债权人利益等，而债务契约在一定程度上对经理人的上述行为能产生一定的约束和监督作用。Smith 和Warner（1997）研究指出，从企业角度来看，限制性条款在债务契约中的存在呈持续性，因此，可以合理地认为契约是有效的，也就是说，当公司存在债务时，股东有意愿接受债务契约及其条款，投资者有减少代理成本的强烈动机。对此，Myers（1977）也提出"债务契约重构"以降低内部人控制〔控股股东与经理层）对债权人的利益侵占。

但是，债务契约的治理作用受制度环境影响较大，当法律制度环境处于完善状态时，债权人法律保护有效，债务契约的治理作用较大；反之，债务契约的治理作用不明显。按照法律经济学逻辑，法律的功能是为市场交易各方提供强制性行为规范，使交易各方有稳定的收益预期，减少交易成本，提高经济效益。但是，若法律环境不完善，则使市场交易各方产生不当的收益预期，会诱发交易各方违背市场规则的交易行为，抑制经济效益的增长。基于以上分析，本章提出本书的第三个研究假设（H3）。

H3：法律制度环境对经理人代理成本有正的影响作用；同时，在对经理人代理成本的治理方面，法律制度环境与债权人监督存在互补关系。

4.2　研究设计

4.2.1　样本选择

本书以 2008—2010 年间深圳和上海交易所上市 A 股公司为样本，剔除金融类公司是为了减少行业因素对检验结果的影响，在实证分析时对剩余行业仍需控制，进一步排除行业因素的困扰；剔除数据不全或数据不详的公司、剔除管理费用率和资产周转率大于 100% 的公司、剔除 ST 公司（对 ST 公司作为特殊样本在第 7 章单独进行研究）、剔除公司实际控制人信息不确定的公司等，最后得到了 2 715 个观测样本。

本书研究选取 2008—2010 年间作为研究时段是基于以下原因：第一，以往关于债务治理的研究大都是以 2007 年以前为研究时段，而那一时段我国的金融体系改革尚未开始或改革尚未完善，因此研究的结论大都表现出债务治理无效或是效应低下。虽然我国金融体系改革于 2004 年已经基本结束，但任何一项改革都需要有一定的过渡期，因此，本书选择了 2008—2010 年作为研究时段。第二，以这一时段为研究对象具有一定的时效性。理论研究必须具有一定的时效性才有现实价值，才能对现实起到一定的借鉴作用，而理论研究的目的就是要解释现实状况并根据研究的结论提出对策建议，否则研究便失去了研究价值。第三，我国于 2005 年对上市公司开始实施股权分置改革，截止到 2007 年年初基本完成了此项改革，所以，本书选择股权分置改革全面结束后的上市公司作为研究样本。第四，伴随着经济体制的改革，我国金融体系的改革也初见成效。

所有样本公司的相关指标数据主要来自 CSMAR 中国股票市场研究数据库、Wind 数据库、巨灵财经资讯数据库以及证券交易所信息公告，债权人法律制度环境指数来自樊纲等著的《中国市场化指数：各地区市场化相对进程 2009 年报告》①（以下各章统计分析与此相同）。

4.2.2 主要变量及其度量

度量经理人代理成本的方法有很多，有的研究用直接计量法，另有一些研究用间接计量法。Ang 等（2000）提出了度量经理人代理成本的两个替代变量，即经营费用率和资产周转率。其中经营费用率（Expense Ratio）是经营费用（指不包含管理层薪酬的管理费用和公司销售费用）与销售收入之比。该指标用以度量公司管理层控制经营费用的程度，包括额外消费和其他的直接代理成本，可更精确地表达为经理人代理成本公司和零代理成本②公司之间的经营费用之差。资产周转率（资产使用效率）（Asset Utilization Ratio）是年销售收入与总资产的比值，用以反映管理层的资产使用水平。经理人代理成本与经营费用率呈正向关系，与资产周转率呈反向关系。资产周转率是反映资产使用效率的指标，该指标越低，表明使用效率约低，经理人代理成本越高。即通过衡量管理层投资决策是否有效、是否存在管理懈怠行为、有无过度在职消费和过度扩张等行为给公司所造成的损失来作为经理人代理成本的另一个替代变量。后来的研究大都沿用了这两个指标作为经理人代理成本的替代变量。在借鉴国外学者研究成果的基础上，我国大部分学者选择管理费用率和资产周转率作为经理人代理成本的替代变量（吕长江和张艳秋，2002；宋力和韩亮亮，2005；蔡吉甫，2007；张兆国等，2008；姜付秀等，2009；杨德明等，2009；李明辉，2009）。

关于债权人监督的代理变量很多，有长期借款总额、长期借款占全部贷款的比例、银行借款与负债的比例等，而本书选取使用较为普遍的银行借款率作为债权人监督的替代变量，即年末银行借款总额与年末总资产的比值。在我国上市公司债务构成中，银行借款占有绝对地位，并且，银行债权人比其他债权人具有信息、专业化及法律保护等优势，以其作为债权人监督的代表具有一定的说服力。

政府控制对债权人监督经理人代理成本的影响以国内普遍采用的产权哑变量为替代变量，即公司实际控制人为国有，则取值1，否则，取值为0。

法律制度环境对债权人监督经理人代理成本的影响，以国内普遍采用的樊纲等的市场化指数为替代变量。截止到本书写作时期，该报告披露的市场化指数只截止到2007年，所以本书在使用该指标时做了如下处理：首先，利用报告中发布的1997年至2007年的11年间的指数，计算平滑系数；然后，以2007年的指数为基数，结合所计算的平滑系数计算2008年指数，以此类推，推出2009年、2010年的对应指数（以下各章与此相同）。从1997—2007年各年的指数变化来

---

① 本书由樊纲、王小鲁、朱恒鹏著，经济科学出版社2009年12月出版。
② 零经理人代理成本是指管理者拥有公司100%的产权，即管理者与股东合一，此时公司不存在代理成本。

看，市场化进程较为缓慢，指数每年变动幅度不大，虽然本书对该指数的处理有一定的噪音，但不会对本书的研究结论产生实质性影响。

公司内部治理选取了五个替代变量：第一大股东持股比例、董事会规模、独立董事占比、经理层持股比例和高管薪酬。经理人代理成本主要体现了股东与经理人之间的冲突关系，一般情况下，股权集中度越高，代理成本越低，通常以第一大股东持股比例作为股权集中度的代理变量；董事会和外部独立董事是内部治理常用的两种监督机制，经理层持股比例和高管薪酬是常用的内部治理激励机制，本书还选用了这四个指标作为内部治理的替代变量。

其他控制变量。一般来说，公司规模越大，公司监督成本越大，即经理人代理成本越大。本书的研究采用总资产自然对数为公司规模的替代变量（肖作平和陈德胜，2006；李寿喜，2007；廖义刚等，2009；姜付秀等，2009）。上市年限越长，公司竞争越激烈，经理人雇用成本越高，激励成本也越大，监督成本也会随之上升，经理人代理成本也就越高，成长性高的公司投资机会也越大，经理人利用机会谋取个人利益的相机机会也越大，比如过度投资、在职消费、资产转移等，经理人可控自由现金流增大，经理人代理成本也越大（Jensen，1986，1993；Easterbrook，1984；李明辉，2009）。为了控制行业因素和年度因素对实证结果的影响，本书还设定了两个控制哑变量——行业哑变量和年度哑变量。

根据前人的研究和本书对变量的选取与定义，此处建立了债权人监督和经理人代理成本关系的基本模型，通过对公司内部治理、政府控制、法律制度环境分别与债权人监督组成交互项，分别建立模型分析和检验它们对债权人监督经理人代理成本的影响，本书在实证研究中首先对模型的选择进行了各种检验，通过F、LM、Hausman等检验，最终选用了固定效应模型，并设定了相应的变量，同时，对每个变量的度量进行了定义，具体见表4-1。

根据研究设定的假设，本章研究建立了以下三个模型（式4.1～式4.3）。其中，模型（1）显示了政府控制对债权人监督经理人代理成本的影响，模型（2）表现了内部治理对债权人监督经理人代理成本的影响，模型（3）体现了法律制度环境债权人监督经理人代理成本的影响。

$$Mc=\beta_0+u_i+\beta_1 Loan+\beta_2 State+\beta_3 Loan \times State+\beta_4 Control+\sum Indst+\sum Year+\varepsilon \quad \text{式 4.1}$$

$$Mc=\beta_0+u_i+\beta_1 Loan+\beta_2 ICG+\beta_3 Loan \times ICG+\beta_4 Control+\sum Indst+\sum Year+\varepsilon \quad \text{式 4.2}$$

$$Mc=\beta_0+u_i+\beta_1 Loan+\beta_2 Law+\beta_3 Loan \times Law+\beta_4 Control+\sum Indst+\sum Year+\varepsilon \quad \text{式 4.3}$$

在上述的三个公式中，Mc代表经理人代理成本，是被解释变量，用管理费用率和资产周转率作为其替代变量；Loan表示银行借款率，作为本书研究的解释变量；State是政府控制变量代码，国有控股表示受政府控制，取值1，反之取值0；Law是法律制度环境变量，用樊纲等的市场化指数作为替代变量；ICG表示公司内部治理，主要用董事会规模、独董比例、高管薪酬、经理层持股比例等

表4-1　　　　　　　　　　　　　　　　变量及其度量

变量类型	变量名称	变量代码	变量定义
经理人代理成本 （因变量）	经理人代理成本	Mc_1 Mc_2	管理费用率=管理费用/主营业务收入 资产周转率=主营业务收入/年末总资产
债权人监督 （自变量）	银行借款率	Loan	年末银行借款余额/年末资产总额
内部治理 （自变量）	股权集中度 董事会规模 独立董事比例 经理层薪酬 经理层持股比例	TOP_1 Board Outdir Lnpay Mshare	第一大股东持股比例 董事会人数 独立董事人数占董事会人数的比例 前三大高管薪酬总额自然对数 经理人持股数额占公司股份的比例
制度环境 （自变量）	债权人法律保护 程度	Law	用樊纲等的市场化指数衡量,指数越大表 明债权人法律保护越有效
政府控制 其他变量 （控制变量）	产权属性 公司规模 公司成长 上市年龄 年份虚拟变量 行业虚拟变量	State Lnsize Growth Age $Year_1$ $Year_2$ Indst	国有控股取值1,非国有控股取值0 年末资产总额的自然对数 主营业务收入年增长率 公司上市年限 当年份为2008年,取值为1,否则取值为0 当年份为2009年,取值为1,否则取值为0 当为制造业时,取值为1,否则取值为0

指标作为替代变量；Control是相关控制变量，主要设定控制规模效应的公司规模（Lnsize）变量、控制时间效应的上市年限（Age）、控制成长能力的变量年收入增长率（Growth）；u_i为模型中的个体效应。

4.2.3　描述性统计

对变量的描述性统计结果见表4-2。从表4-2显示的描述性统计结果来看，管理费用率（Mc_1）的均值在9%以上，最大值达到63%；资产周转率均值在52%以上，最大值接近100%；银行借款率的均值超过21%，最大值超过114%，表明银行借款是我国上市公司的重要资金来源；第一大股东持股比例均值为36%，最大值超过86%，说明我国上市公司存在严重的大股东控制问题；在董事会规模方面，平均规模为9人，最多18人，最少4人；独立董事平均占比为36%，最大占比达到70%以上，最小占比12.5%；前三大高管薪酬总额的自然对数的均值为13.74%，最大值为21.26%，最小值只有10.36%，高管持股比例也比较低，均值为3%，最大值为75%，有些企业高管持股比例为零，表明我国上市公司管理层激励机制使用状况并不乐观；上市公司中国有控股公司占到样本总数的36.9%，表现出我国上市公司存在很明显的政府控制；上市公司的平均年龄为11年，说明我国上市公司和证券市场仍处于成长期。

表4-2 　　　　　　　　　　　　　**变量的描述性统计结果**

变量名	样本	最小值	最大值	均值	标准差
	2 715	0.0022	0.6373	0.0925	0.06719
Loan	2 715	0.0000	1.1485	0.2179	0.15594
Top_1	2 715	3.69	86.42	36.1233	15.3223
Board	2 715	5.00	18.00	9.16	1.929
Outdir	2 715	0.1250	0.7143	0.3637	0.0521
Mshare	2 715	0.0000	0.7500	0.0313	0.1052
Lnpay	2 715	10.3609	21.2636	13.7411	0.78481
Lnsize	2 715	18.07	28.1356	21.79	1.2499
Age	2 715	3.00	21.00	11.42	4.429
Growth	2 715	−0.9843	1 924.5302	1.6419	47.0465
Law	2 715	7.1315	8.9876	8.0389	0.7584
Mc_2	2 715	0.0205	0.9988	0.49716	0.2235

本章采用 Pearson 相关性检验方法，分析了方程中变量之间的相关关系。从表4-3所显示的皮尔森相关系数分析可以看出，方程中自变量之间的相关系数的绝对值都比较低，最大值也只有0.333，远小于该方法的标准门槛系数0.7，且都在1%的水平上呈现负相关，因此，方程中的变量之间不存在多重共线性及自相关的问题。参见表4-3。

表4-3 　　　　　　　　　　　　　**皮尔森相关系数检验**

	Mc_1	Mc_2	Loan	Top_1	Board	Outdir	Mshar	Lnpay	Lnsiez	State	Age	Gro
Mc_1	1											
Mc_2	−.285**	1										
Loan	−.195**	−.144**	1									
Top_1	−.195**	.006	−.011	1								
Board	−.094**	.028	.106**	.011	1							
Outdir	−.028	−.015	−.029	.056**	−.277**	1						
Mshar	.066**	.062**	−.102**	−.093**	−.108**	.023	1					
Lnpay	−.068**	−.002	−.008	.048*	.149**	.005	−.048*	1				
Lnsize	−.384**	−.141**	.283**	.278**	.332**	.033	−.231**	.333**	1			
State	.084**	−.002	.079"	.181**	.164**	−.022	−.215**	.002	.188**	1		
Age	.069**	−.163**	.070**	−.106**	−.060**	−.010	−.428**	.022	.094**	.099**	1	
Growth	−.019	−.014	.002	.054**	−.068**	.050**	−.009	−.020	−.017	−.022	.023	1
Law	.010	−.029	−.028	.029	.012	−.038*	.024	−.162**	−.113**	.265**	.000	.035

注：（1）** 在 0.01 水平上显著相关 ；*在 0.05 水平上显著相关 （2）样本个数为 2 715个。

4.3 实证检验结果

面板数据（Panel Data）是横截面数据与时间序列数据的综合体，它同时具有截面数据与时间序列数据的特征，因此，与截面数据和时间序列数据相比，面板数据有更多的优势，比如，避免了多重共线性的困扰，可以提供更大量的信息、可以做更多的变化、有更多的自由度以及估计效率更高等。本书采用了面板数据进行数据分析。

本书选用2008至2010年间的我国沪深两市发行A股的公司的相关数据进行研究，属于面板数据分析中的大样本量、短时间的分析内容，因此，不需要进行单位根检验和协整检验。同时，在使用面板数据进行回归分析时，对异方差、多重共线性、序列相关等进行了着重考虑，对这些内容分别进行了修正和检验，检验结果显示不存在这些问题（以下各章实证设计与此相同）。

4.3.1 回归结果

本章采用了固定效应模型进行回归，并根据回归的结果进行分析说明。

1）政府控制及银行债权人监督对经理人代理成本的治理效应

式4.1回归的结果见表4-4。该回归过程体现了银行监督对经理人代理成本的治理效应，以及政府控制对银行债权人监督经理人代理成本的影响。

模型1表示非国有公司银行债权人监督经理人代理成本的效应。从表4-4中显示的数据来看，总的银行借款率与管理费用率呈负相关关系，相关系数为-0.04378，且在1%的水平上显著，即银行借款率越高，经理人代理成本越低，这个结果说明，在我国非国有上市公司中，银行债权人参与公司债务治理具有监督效应。模型1的拟合优度为0.5693。公式规模与经理人代理成本也呈现显著负相关关系，表明公司规模越大，经理人代理成本越小。上市年限与经理人代理成本呈显著正相关关系，表明上市年限越长，经理人代理成本越大。公司成长性对经理人代理成本无治理效应。

模型2显示了在国有上市公司中银行债权人监督经理人代理成本的状况，以及由于政府控制对银行债权人监督经理人代理成本的影响。从模型2的数据来看，银行借款率、政府控制与管理费用率呈显著负相关关系，说明无论在国有上市公司还是在非国有上市公司中，银行债权人对上市公司经理人代理成本都具有监督与约束作用，两者的交互项系数为正，并且在5%的水平上显著，说明政府控制与银行债权人监督在对经理人代理成本的影响方面具有较为显著的互补关系。公司上市年限与经理人代理成本显著正相关，表明上市年限越长，经理人代理成本越大。模型的拟合优度较好，R^2值为0.7138。

从两个模型的回归比较来看，无论是国有公司还是非国有公司，债权人在监督经理人代理成本方面都具有显著的治理效应。两类公司的增长水平与经理人代理成本的关系都不显著，即主营业务利润的增幅对经理人代理成本的影响并不显著；公司上市年限与经理人代理成本的关系显著为正，说明上市年限越长，经理人的在职消费越高。

根据回归结果总体情况来看，实证结果与国内大部分研究并不一致。本书认为主要基于以下原因：首先，近几年来我国银行债权人的独立债权人身份有所改善，银行参与公司治理及治理绩效已初见成效；其次，由于政府职能的不断转变与改进，不仅对银行的行政干预有所降低，而且政企关系、产权关系划分也逐步改善；再次，对于非ST公司，政府干预相对较低，银行与企业之间的关系较为稳定，因此，政府与银行对非ST公司的各方面掌控有序，公司债务治理逐步市场化。

因此，回归结果很好地支持了H1，即政府控制并没有改变银行债权人监督经理人代理成本的逻辑关系。无论是国有公司和非国有公司，在治理经理人代理成本方面，银行债权人监督都具有治理效应，而且政府控制与银行监督具有显著的互补关系。

表4-4　　　　政府控制及银行债权人监督对经理人代理成本的治理效应

变量名	模型1			模型2		
	系数	T值	P值	系数	T值	P值
Loan	−0.0438	−5.50	<.0001	−0.058	−5.70	<.0001
Lnsize	−0.0174	−9.03	<.0001	−0.0176	−9.13	<.0001
Growth	−0.0035	−1.48	0.1393	−0.0031	−1.30	0.1953
Age	0.0016	5.95	<.0001	0.0016	5.97	<.0001
State				−0.0089	−2.03	0.0429
State×Loan				0.0347	2.26	0.0242
Indus	控制			控制		
Year	控制			控制		
F	1.47			188.67		
R^2	0.5693			0.7138		
p	<.1291			<.0001		

注：（1）样本观测值为2 715；（2）模型均修正了异方差、序列相关和截面相关问题。

2）内部治理及银行监督对经理人代理成本的治理效应

表4-5（a）、表4-5（b）显示了内部治理的主要因素对经理人代理成本的影响，包括第一大股东持股比例、高管薪酬（前三大高管薪酬的自然对数）、经理层持股比例、董事会规模、外部独立董事比例，以及这五个因素与银行债权人监督交互作用对经理人代理成本的影响，模型3至模型7是内部治理单因素对银行监督经理人代理成本影响的回归，模型8显示了五个内部治理因素总体与债权人监督交互作用对经理人代理成本的影响。

从模型3来看，银行借款率与管理费用率的相关系数在10%的水平上显著；第一大股东持股比例与经理人代理成本显著负相关，与银行债权人监督的交互项系数在10%的水平上显著为正，说明二者具有一定的互补关系，第一大股东持股比例越高，管理费用越低，说明股权集中度在一定程度上控制了经理人的在职消费和对投资人的利益侵害行为，这个结论与Shleifer和Vishny（1997），宋力、韩亮亮（2005）等的研究结论一致。公司规模与经理人代理成本在1%的水平上显著为负，说明规模对经理人代理成本有抑制效应；成长性与上市年限则会增加经理人代理成本。根据模型4的回归来看，董事会规模单因素对银行监督经理人代理成本没有交互作用，银行监督显示没有治理效应。董事会规模对经理人代理成本也没有治理作用，在考虑董事会规模单因素模型中，控制变量中公司成长性对经理人代理成本有显著治理作用。外部独立董事比例单因素模型5的数据显示：外部独立董事比例对管理费用没有治理作用，与银行监督之间也不存在交互作用。在这个单因素模型中，公司规模越大，经理人代理成本则越大，从这一回归结果来看，外部独立董事对于经理人代理成本没有治理作用，如何发挥其作用有待进一步研究。

模型6是高管薪酬单因素对银行监督经理人代理成本的影响，高管薪酬有助于银行监督的治理效应，高管薪酬有利于抑制经理人代理成本，其与银行监督的交互关系呈显著正相关关系，即二者在经理人代理成本方面具有互补关系。模型7是高管持股单因素对银行监督经理人代理成本的影响。高管持股都与管理费用率呈负相关关系，且在10%的水平上显著。这说明我国上司公司高管激励机制发挥了应有的作用，与本书之前的理论分析结果一致，经理人激励机制在一定程度上能够降低经理人代理成本。高管持股与银行借款率的交互系数为负，且在10%的水平上显著，说明二者具有显著的替代关系。模型8显示了所有内部治理因素总体对银行监督经理人代理成本的影响。从回归结果看，内部治理五个因素中，董事会规模、高管持股有助于提高银行监督经理人代理成本的治理效应，与银行监督之间有显著的替代关系，其他因素对经理人代理成本没有影响。回归结果部分支持了本书的第二个假设（H2），即内部治理与银行监督具有一定

表4-5（a）　　　　　　　内部治理及银行监督对经理人代理成本的治理效应

变量名	模型3			模型4			模型5		
	系数	T值	P值	系数	T值	P值	系数	T值	P值
Loan	−0.0343	−1.686	0.0916	0.0105	0.2714	0.7861	−0.0442	−0.892	0.3722
Top_1	−0.0007	−4.592	<.0001						
Loan ×Top_1	0.0008	1.6193	0.100						
Board				0.0018	1.4685	0.1421			
Loan×Board				−0.0014	−0.345	0.7301			
Outdir							−0.0450	−1.281	0.2003
Loan×Outdir							0.1149	0.859	0.3905
Lnsize	−0.0252	−10.82	<.0001	−0.0208	15.30	<.0001	0.0201	−8.91	<.0001
Growth	0.0116	3.30	0.0094	−0.0066	−2.60	0.0094	−2.2E−05	5.91	<.0001
Age	0.0014	5.78	<.0001	0.0017	3.96	<.0001	0.0016	−1.56	0.1197
Indus	控制			控制			控制		
Year	控制			控制			控制		
F R^2 P	46.591 0.0935 <.0001			42.4369 0.0859 <.0001			42.0533 0.0852 <.0001		

注：（1）观测样本值为2 715；（2）模型均修正了异方差、序列相关和截面相关问题。
的替代关系。模型6、模型7、模型8的F值分别为53.50、53.45和12.44，R^2分别为0.7153、0.7155和0.4833，模型8在10%的水平上显著，其他两个模型都在1%的水平上显著，表明模型都很显著且拟合优度较好，模型的解释力较强。

　　根据回归结果显示的信息，可以判定H2是成立的，即内部治理对经理人代理成本具有一定的影响，在影响经理人代理成本方面，内部治理与银行债权人监督具有一定的替代效应。

表 4-5（b）　　　　　内部治理及银行监督对经理人代理成本的治理效应

变量名	模型 6			模型 7			模型 8		
	系数	T值	P值	系数	T值	P值	系数	T值	P值
Loan	−0.0846	−4.39	0.0061	−0.0102	−0.28	0.0773	−0.1834	−1.23	0.1184
Top_1							0.0041	3.48	0.0005
Loan×Top_1							0.0011	2.29	0.020
Board							0.0217	4.58	<.0001
Loan×Board							−0.0069	−1.72	0.0859
Outdir							0.0568	1.38	0.1669
Loan×Outdir							−0.1232	−0.81	0.4158
Lnpay	−0.00562	1.97	0.0486				0.0614	4.04	<.0001
Loan×Lnpay	0.0116	1.16	0.2449				0.0151	1.49	0.1372
Mshare				−0.0366	2.00	0.0461	0.0820	3.70	0.0002
Loan×Mshare				−0.1397	−1.67	0.0957	−0.1440	−1.72	0.0855
Lnsize	−0.0150	−7.50	<.0001	−0.0173	−8.94	<.0001	−0.0173	2.95	0.0032
Growth	−0.0095	−3.46	0.0006	−0.0035	−1.46	0.1437	−0.0035	−4.01	<.0001
Age	0.0015	5.51	<.0001	0.0017	5.84	<.0001	0.0017	5.79	<.0001
Indus	控制			控制			控制		
Year	控制			控制			控制		
F	53.50			53.45			12.44		
R^2	0.7153			0.7155			0.4883		
P	<.0001			<.0001			0.0883		

注：（1）观测样本值为 2 715；（2）模型均修正了异方差、序列相关和截面相关问题。

3）法律环境对银行债权人监督经理人代理成本的影响

根据契约理论的观点，企业就是一个由多种契约组成的联合体，债权人与企业之间的关系也是依赖于债务契约而存在的，因此债权人可以依赖契约所赋予的法律权利对债务人进行监督，以保障债权权益的安全和利益的获取。而债权人的利益能否得到保障，在一定程度上取决于法律环境及其执行状况。就我国目前的现实情况来看，法律环境尚不完善，与西方发达国家相比还存在一定的差异，那么债权人监督能否发挥作用呢？本书依据2008—2010年我国上市公司的数据进行了实证分析，结果见表4-6。

表4-6　　　　　　法律环境及银行债权人监督对经理人代理成本的治理效应

变量名	模型9		
	系数	T值	P值
Loan	−0.058	−5.70	<.0001
Law	−0.0088	−2.03	0.0429
Loan×Law	0.0347	2.26	0.0242
Lnsize	−0.0176	−9.13	<.0001
Growth	−0.0031	−1.30	0.1953
Age	0.0016	5.97	<.0001
Indus	控制		
Year	控制		
F	174.68		
R^2	0.7136		
P	<.0001		

注：（1）观测样本值为2 715；（2）模型均修正了异方差、序列相关和截面相关问题。

从表4-6的回归结果可以观测到，银行债权人监督与经理人代理成本呈负相关关系，并且在1%的水平上显著，法律环境与经理人代理成本也呈负相关关系，在5%的水平上显著，充分表明我国法律环境对经理人代理成本具有约束作用。法律环境与银行债权人监督交互作用与经理人代理成本则表现为正相关关系并且在5%的水平上显著，说明法律制度环境与银行监督之间具有显著的互补效应。模型9从整体上来看，F值为174.68、R^2为0.7136、P值小于0.0001，表明模型整体显著且拟合优度很好。模型9的回归结果很好地验证了第三个假设（H3），即法律环境对经理人代理成本具有抑制作用，法律制度环境与债权人监督的交互作用表现为互补关系。

4.3.2　稳健性检验

为了进一步检验上述结果的可靠性，本书还选用了反映经理人代理成本的另一个替代变量——资产周转率，进行稳健性检验，将上述反映经理人代理成本的变量管理费用率（Mc_1）替换为资产周转率（Mc_2）。根据前人的研究成果可以知道，管理费用率能够直接反映经理人代理成本，而资产周转率则具有间接反映作用。一般来说，资产周转率越高，管理层机会主义行为受到的约束越大，经理人代理成本则越低。

1）政府控制及银行债权人监督对经理人代理成本的治理效应的稳健性检验

政府控制并没有改变债权人监督的逻辑关系，也就说在国有公司和非国有公司中，银行监督经理人代理成本都具有治理作用，债权人参与债务治理的直接效应显著，这一点从上文的债权人监督经理人代理成本直接效应分析中已经得到了验证。而从表4-7中显示的债权人监督经理人代理成本的间接效应来看，在模型10至模型12中，总的银行借款率与资产周转率呈显著负相关关系，在1%的水平上显著，政府控制单因素对资产周转率治理作用不显著，与银行债权人监督的交互项对资产周转率的影响却呈负相关关系，并在5%的水平上显著。检验结果说明，银行债权人监督经理人代理成本的间接效应被严重扭曲。

表4-7　政府控制及银行债权人监督对经理人代理成本治理效应的稳健性检验

Mc_2	模型 10	模型 11	模型 12
Loan	-0.146^{**}(.028)	-0.147^{**}(0.028)	-0.129^{**}(0.036)
Lnsize	-0.027^{***}(0.004)	-0.027^{***}(0.004)	-0.027^{***}(0.004)
Age	-0.008^{***}(0.001)	-0.008^{***}(0.001)	-0.008^{***}(0.001)
Growth	$-4.536E-5$(0.000)	$-4.217E-5$(0.000)	$-4.243E-5$(0.000)
State		0.013^{***}(0.009)	0.023^{**}(0.015)
Loan×State			-0.044^{**}(0.055)
Year	控制	控制	控制
Indus	控制	控制	控制
F	19.253	17.536	15.997
R^2	0.155	0.256	0.154
p	<.0001	<.0001	<.0001

注：（1）括号中的数字表示标准误差；（2）***表示 $p<0.01$，**表示 $p<0.05$，*表示 $p<0.1$；（3）样本个数（N）=2 715；（4）模型均修正了异方差、序列相关和截面相关问题。

2）内部治理及银行债权人监督对经理人代理成本的治理效应的稳健性检验

表4-8　内部治理及银行债权人监督对经理人代理成本治理效应的稳健性检验

Mc$_2$	模型13	模型14	模型15	模型16	模型17	模型18	模型19
Loan	−0.154** (0.028)	−0.017* (0.069)	0.089 (0.121)	−0.557 (0.191)	−0.168** (0.029)	1.549 (0.486)	1.206 (0.530)
Lnsize	−0.019*** (0.004)	−0.019*** (0.004)	−0.023*** (0.004)	−0.019*** (0.004)	−0.020*** (0.004)	−0.021*** (0.004)	−0.027*** (0.004)
State	0.019*** (0.009)	0.017*** (0.009)	0.015*** (0.009)	0.018*** (0.009)	0.017*** (0.009)	0.019*** (0.009)	0.012*** (0.009)
Age	−0.008*** (0.001)	−0.007*** (0.001)	−0.007*** (0.001)	−0.007*** (0.001)	−0.008*** (0.001)	−0.007*** (0.001)	−0.007*** (0.001)
Top$_1$		0.001*** (0.000)					0.001*** (0.000)
Loan×Top$_1$		−0.004*** (0.002)					−0.003*** (0.002)
Board			0.014*** (0.004)				0.009*** (0.004)
Loan×Board			−0.026** (0.013)				−0.006** (0.014)
Outdir				−0.292 (0.134)			−0.179 (0.141)
Loan×Outdir				1.107 (0.520)			0.982 (0.539)
Mshare					−0.177* (0.065)		−0.153* (0.066)
Loan× Mshare					0.615 (0.297)		0.552 (0.298)
Lnpay						0.038*** (0.009)	0.036** (0.010)
Loan× Lnpay						−0.124** (0.035)	−0.115** (0.036)
Indus	控制	控制	控制	控制	控制	控制	控制
Year	控制	控制	控制	控制	控制	控制	控制
F	31.311	23.119	24.59	23.131	23.468	24.807	13.279
R^2	0.053	0.054	0.057	0.054	0.055	0.058	0.064

注：（1）括号中的数字表示标准误差；（2）***表示p＜0.01，**表示p＜0.05，*表示p＜0.1；（3）样本个数（N）=2 715；（4）模型均修正了异方差、序列相关和截面相关问题。

从表4-5中可以看出，内部治理的某些因素能直接抑制经理人代理成本，在直接抑制经理人代理成本方面，内部治理与银行债权人监督总体上呈一定的替代效应，H2得到了验证。下面会进一步通过内部治理对经理人代理成本的间接影响进行稳健性检验。

从表4-8中检验结果显示来看，外部独立董事比例、经理层持股比例与银行债权人监督的交互项与资产周转率呈正相关关系，且均呈现显著水平，说明独立董事制度、高管持股对银行监督经理人代理成本的间接效应有积极的作用。而第一大股东持股比例、董事会规模、高管薪酬与银行债权人监督的交互项与资产周转率均呈负相关关系，并且也具有一定的显著性，这三个内部治理因素对银行监督经理人代理成本的间接效应具有负面影响，总体来看，这一结果部分验证了第二个假设（H2）。

董事会规模与经理人代理成本呈显著正相关关系，说明对经理人代理成本的直接效应不仅没有抑制作用，反而增加了经理人代理成本，从间接影响的实证检验都可看出，董事会规模在抑制经理人代理成本方面有积极的治理作用，规模越大、资产周转率越高，说明董事规模对经理人代理成本有间接影响作用。而外部独立董事比例对经理人代理成本没有直接效应，但根据稳健性检验结果看，仍具有间接效应。

3）法律环境及银行债权人监督对经理人代理成本的治理效应的稳健性检验

前面的表4-6显示了法律环境对经理人代理成本的直接效应，检验结果显示法律环境对债权人的保护以及法律环境对债权人监督经理人代理成本产生替代效应，验证了第三个假设（H3）。表4-9通过回归分析进一步验证了法律环境对经理人代理成本的间接效应。

从表4-9显示的回归结果来看，模型20考虑内部治理和控制变量的作用，在没有引入法律环境因素的条件下，银行监督对资产周转率存在治理效应。从结果来看，银行债权人监督对资产周转率没有加速作用，银行债权人监督与资产周转率之间在1%的水平上显著负相关，相关系数为-0.147；引入法律环境因数条件后，法律环境对资产周转率有提升效应，法律环境与银行债权人监督交互项系数不显著为正。这个结果与表4-6的结果并不一致，说明法律环境对经理人代理成本的直接效应显著，相对来说，间接效应则不是很显著。公司规模、上市年限与资产周转率显著负相关，说明公司规模越大、上市年限越长，资产周转速度越低，即公司规模、上市年限没有间接效应。

表4-9 法律环境及银行债权人监督对经理人代理成本的治理效应的稳健性检验

Mc$_2$	模型20	模型21
Top$_1$	0.000***(0.000)	0.000***(0.000)
Board	0.008***(0.002)	0.008***(0.002)
Outdir	0.017*(0.084)	0.018*(0.084)
Mshare	−0.069**(0.046)	−0.070**(0.046)
Lnpay	0.011***(0.006)	0.011***(0.006)
State	0.013***(0.009)	0.011***(0.009)
Growth	−4.217E-5(0.000)	−4.513E-5(0.000)
Lnsize	−0.027***(0.004)	−0.027***(0.004)
Age	−0.008***(0.001)	−0.008***(0.001)
Loan	−0.147**(0.028)	−.314(0.285)
Law		0.000**(0.010)
Loan×Law		0.021**(0.035)
Indus	控制	控制
Year	控制	控制
F	17.535	14.688
R^2	0.057	0.057
P	<.0001	<.0001

注：（1）括号中的数字表示标准误差；（2）***表示 $p < 0.01$，**表示 $p < 0.05$，*表示 $p < 0.1$；（3）样本个数（N）=2 715；（4）模型均修正了异方差、序列相关和截面相关问题。

4.4 研究结论

根据前人的研究结论，一致公认债务不仅是一种融资工具，更是一种公司治理手段。债务的存在使得债权人具有参与公司债务治理的动机和激励，政府控制、法律环境、内部治理对债权人参与公司治理具有一定的积极作用。然而，本章运用2008—2010年的上市公司数据进行实证研究，结果却没有完全支持经典理论，政府控制、法律环境、内部治理对债权人监督经理人代理成本的检验也没有完全达到预期。根据本章的检验结果，得到以下结论：

第一，政府控制并没有改变银行债权人监督经理人代理成本的效应，在国有公司和非国有公司中，银行监督对经理人代理成本都具有治理效应。

在深沪两市上市的A股公司中，依照本章样本选取条件得到的样本公司有2 715家，其中国有控股公司占到40%左右，在这些公司中，公司的实际控制人是政府，而我国上市公司中的主要银行债权人是国有商业银行，实证研究发现，并没有明显的证据表明政府控制改变了银行债权人参与公司治理的逻辑关系。从实证结果可以看到，无论是在国有上市公司还是在非国有上市公司，债权人都存在着治理作用，并且没有显著的证据表明国有公司债权人治理效应低于非国有公司，实证结果显示出政府控制与银行监督具有互补作用，这一结论很好地验证了政府与国有银行的同源性，二者在目标上具有一致性。

第二，总体上来看，内部治理与银行监督没有交互治理效应。但从单因素回归来看，第一大股东持股比例与银行监督具有交互治理效应，股权集中度能抑制经理人代理成本；公司规模越大，经理人代理成本越低；其他内部治理单因素对银行监督经理人代理成本没有交互效应。董事会规模、外部独立董事比例、高管薪酬对经理人代理成本的检验显示没有治理作用，可能的原因在于内部人控制严重，导致董事会的作用难以发挥；经理层持股等的检验基本符合假设，对经理人代理成本的抑制作用，能降低经理人代理成本，提高资产周转率，表明激励机制对经理人代理成本具有一定的效应。高管薪酬没有通过检验，可能的原因在于薪酬属于经理人代理成本，二者的相关度较高，导致检验不通过。

第三，法律环境可以降低经理人代理成本，降低股东与经理人的代理冲突。国内外的大量研究对此早已有了证明，法律环境被视为是公司治理的一项很重要的外部治理机制，本章的实证研究结论也证实了法律环境对经理人代理成本的有效性，从选取的样本资料实证分析结论看，法律环境有助于抑制经理人代理成本，提高资产周转率，实证结果还显示，法律环境与银行债权人监督具有互补作用。

5 债权人监督与控股股东代理成本的实证分析

现代公司制度的特征除了体现为较为明显的股东与经理人之间的代理冲突，债权人与经理人之间的代理冲突，也存在着控股股东与中小股东之间的代理冲突。控股股东利用其所拥有的控制权，进行资产转移从而侵占中小股东的利益，形成了控股股东与中小股东之间的代理冲突。公司债务存在虽然能够抑制经理人过度投资、减少经理人自由现金流权、约束和监督经理人懈怠及逆向选择等，降低经理人代理成本，但是，债务的存在也必然产生股东与债权人之间的代理冲突。控股股东有可能通过资产替代、股利政策、稀释债权、减少投资或选择投资报酬率为负的投资项目等手段，牺牲债权人利益以谋取自身利益最大化，这就形成了控股股东与债权人之间的利益冲突。本书将上述两种代理冲突产生的代理成本界定为控股股东代理成本。

已有的实证研究充分证明了新兴市场国家的公司治理水平普遍偏低，大股东控制现象普遍存在，而且，新兴市场国家的法律不够完善，投资者保护不到位，上市公司经营及信息缺乏透明度，寻租活动和关联交易盛行等。我国当前仍属于新兴市场国家，普遍存在股权集中和控股股东控制的公司治理模式，控股股东代理问题严重，国内很多学者都很关注我国上市公司大股东控制问题。已有的研究普遍认为，我国大股东隧道行为普遍，并且产生了严重的经济后果。因此，如何有效地约束控股股东行为、维护出资人利益，成为学术界和实务界广泛关注的问题。近年来，我国证监部门针对大股东关联交易的数量制定了一系列约束政策，但效果并不显著（封思贤，2005；叶康涛、陆正飞、张志华，2007；邓建平、曾勇、何佳，2007），投资者法律保护制度的完善需要一个相当长的时期才能实现，那么，对控股股东的约束就依赖于公司治理的内外部机制，发挥公司内外部治理机制的作用成为当前约束控股股东隧道行为的主要途径之一。由于债务契约是一种硬约束，具有很强的约束力，对公司管理者行为必然会产生一定的影响，因此，债务治理成为约束控股股东代理问题的一个重要机制。

根据以上分析，本章以债权人监督控股股东代理成本为主题，分别将政府控制、公司内部治理和制度环境与债权人监督进行交互分析，进而考察和实证分析我国上市公司债权人监督对控股股东代理成本的效应。

5.1 理论分析与研究假设

控股股东代理成本就是指控股股东的隧道行为对中小投资者和债权人造成的利益损害。一般来说,控股股东代理成本主要指控股股东的两种行为产生的后果:一是控股股东通过各种内部交易转移资产,对其他投资人和公司造成的利益损失;另一个是控股股东通过资金占用稀释股权,增加股份占有比例,从而给他人带来的利益损失。

已有的研究充分证明了控股股东代理成本的存在,并且,公司治理弱、法律环境差、股权集中度高,则控股股东代理成本也越大。债权人监督在一定程度上能约束控股股东的私利行为,能降低控股股东代理成本。而政府控制、法律制度环境、公司内部治理对债权人监督控股股东代理成本也会产生一定的影响。

近年来,控股股东代理成本问题成为公司治理领域的研究焦点,大股东控制现象普遍存在。LaPorta 等(1999)研究了 27 个高收入国家的上市公司,发现 64%的公司存在大股东控制。Leuz 等(2003)研究指出,在成熟市场经济条件下,市场配置经济资源能使政府行为与市场机制的边界清晰,完善的法律及其有效的执行对投资者权利的保护较好,这些完善的治理法律制度因素限制了公司内部人(控股股东和经理人)获取控制权私利的机会,减轻了他们需要隐藏自身行为的必要性,从而削弱了内部人进行盈余管理的动机和行为,有效地控制了控股股东代理问题。相应地,对于债务契约来说,债务水平和盈余管理之间的正相关关系,会随着法律执行和投资者保护等治理环境因素的完善而减弱,因为这个原因,阻止了内部人进行盈余管理从而减少了违背契约的可能性。

根据数据显示,我国上市公司表现为明显的大股东控制。近年来,虽然在解决股权过于集中的问题方面,各个层面不断改革,但是第一大股东持股比例仍然很高。从近三年的第一大股东控股持股比例均值来看,2008 年为 37.08%,2009 年为 37.03%,2010 年为 36.67%,说明目前我国上市公司仍表现为典型的大股东控制,并且,第一大股东大部分表现为国有控股股东,政府控制的痕迹明显。我国上市公司的主要债权人是国有商业银行,而国有商业银行受政府控制,削弱了其实施债权监督的积极性。

5.1.1 政府控制及债权人监督对控股股东代理成本的治理效应

公司第一大投资人的性质不同,投资人追求的利益不同。当公司第一大投资人是债权人时,为了规避风险、保证债权权益的安全,决策者会选择收益低但较为稳健的投资项目而放弃高收益、高风险的项目,此时,股权投资人受到的利益损失是有限的。第一大投资人是股东,则投资人为谋求控制权利益最大化,有可能采取资金占用、资产替代、投资不充分或是选择净现值（NPV）为负的项目等，以侵占其他投资人利益（中小股东和债权人），全部投资收益被股东获取，全部损失则由债权人承担，因此，债权人为保护自身利益有强烈的动机监督控股股东。

另外，按公司的第一大股权投资来看，分为国有控股和非国有控股，而两类公司追求的目标不同，国有控股公司承担较多的社会责任，追求社会福利最大化；非国有控股公司以公司利润最大化为目标。国有控股公司比非国有控股公司更容易获得政治上的支持，占有更多的资源，更易获得政府扶持。在国有公司中，政府控制的影响较大，政府控制可能会加剧控股股东的控制权私利掠夺，此时，大债权人的监督就显得尤为重要。

李增泉等（2004）研究发现，在我国，由国家控制的上市公司的控股股东占用的资金高于非国家控制的上市公司，同时还指出，控股股东占用公司的资金与第一大股东持股比例之间呈现倒"U"的关系，与其他股东的持股比例表现为显著的负相关关系，产权性质等对控股股东资金侵占也有一定的影响。高雷和何少华（2005）的研究也发现，国有公司和非国有公司相比，国有公司控股股东资金侵占高于非国有公司。Cheung 等（2005）对关联交易的研究表明，我国上市公司的政治关系对小股东是不利的。国家持股并不能保护公司中小股东和其他利益相关者免受大股东利益的侵害。这表明我国上市公司控股股东（国有企业）与普通股东之间存在严重的利益冲突。唐清泉等（2005）的研究也证明了我国存在严重的控股大股东侵占问题，大股东通过资金占用、关联采购和销售、担保及资产交易等方式侵害中小股东和其他投资者利益，研究还发现股权制衡能起到抑制第一大股东对上市公司的隧道挖掘行为。

在上述背景下，银行债权人作为最大的债权人，其与控股股东之间的代理冲突就成为焦点。银行债权人利用其所拥有的专业化优势、信息优势及其法律权利，有动机监督控股股东的资金侵占行为。

基于以上分析，这里提出本章的第一个假设，即本书的第四个研究假设（H4）。

H4：银行债权人监督能降低控股股东代理成本，相对于非国有公司，国有公司银行监督与控股股东代理成本的关系较强；政府控制与银行监督具有互补效应。

5.1.2 法律制度环境及债权人监督对控股股东代理成本的治理效应

已有的研究已充分证明：法律环境好的地区，中小股东和债权人利益保护得好，控股股东代理成本较低。在股权相对比较集中的状态下，法律制度环境对公司治理的作用较大。LLSV（2002）通过对不同国家法律制度环境的完善程度、股权集中度、资本市场开放程度等进行研究，指出法律制度环境完善能够抑制管理层和控股股东对其他投资人的利益侵占。同时，他还研究了中小股东的法律保护问题，指出中小股东法律权益保护得好、控股股东现金流权集中的公司价值较大；Denis 和 McConnell（2003）的研究也指出，如果法律不能保护中小股东免受大股东的利益侵占，则投资者有强烈的动机成为控股股东，同时，债权人也会加强对公司的债务制约。如前所述，La Porta 等（1999）选取 27 个发达国家、371 个大公司进行研究，结果表明法律对于减少控股股东对中小股东的利益侵占具有显著作用。当法律对小股东的利益保护不力时，控股股东对中小股东利益的侵占更加严重，公司的价值更低。一些学者就我国上市公司的控股大股东侵害中小股东利益的问题进行了一些有价值的研究，也检验了法律制度环境对大股东控制权私利行为的约束作用，得到了类似的结论。高雷、何少华和黄志忠（2006）研究得出法律环境的改善能够有效抑制控股股东隧道行为的结论。唐宗明和蒋位（2002）的研究表明，中国上市公司大股东侵害中小股东的程度较高。他们的研究证明了中小股东搭便车对控股股东利益侵占的激励作用、大股东侵占中小股东和债权人利益是弥补其资本锁定风险的必然，以及法律制度（中小股东、债权人的利益保护以及对大股东侵占行为的控制与处罚等制度）对大股东侵占行为具有一定的抑制作用。

根据前人的研究成果可以看出，法律制度环境和债权人监督都是公司外部治理的有效机制。法律制度环境能抑制控股股东控制权私利行为，降低控股股东代理成本，能有助于债权人实施有效监督。

法律对于减少控股股东对中小股东利益的侵占具有显著作用。法律制度不完善时会使控股股东侵占债权人及中小股东利益的手段更加多样，控股股东可以通过金字塔式控股的手段来实现其目的，比如通过增加低层企业的债务以获取更多可侵占的资源，并通过关联交易来实现对债权人利益的剥夺。法律体系对于减少控股股东对小股东及债权人利益的侵害具有极其重要的作用。由此可见，在我国法律对中小股东及债权人的利益保护不力并且股权高度集中的情况下，控股股东对中小股东及债权人的利益的侵害是我国上市公司面临的主要治理问题。现有的文献显示，上市公司受国家控制加剧了控股股东对小股东及债权人利益的侵害。

我国中小股东和债权人利益保护的法律制度环境薄弱。《中华人民共和国公司法》中没有明确规定控股股东应对中小股东和债权人承担信托责任；由于"壳"资源的短缺以及政府控制等的影响，使得《中华人民共和国企业破产法》的出台及实施都受到了一定阻滞，中小股东和债权人利益没有得到真正的保护。

我国法律制度环境对控股股东代理成本能否产生有效的作用？在影响控股股东代理成本方面，法律制度环境是否与债权人监督有替代和互补关系？为了回答这些问题，在这里，提出本章的第二个，也是本书的第五个研究假设（H5）。

H5：法律制度环境能有效降低控股股东代理成本，同时，在影响控股股东代理成本方面，法律制度环境和债权人监督有替代关系。

5.1.3 公司内部治理及债权人监督对控股股东代理成本的治理效应

债权人作为公司的资金提供者，为保障自身利益安全必然成为债务公司的监督者，对于控股股东利益侵占行为，大债权人有动机和能力实施监督和约束，而银行债权人的各种优势和信贷资金规模决定了其成为公司外部治理的主力，这已经是不争的事实。

公司外部治理与内部治理存在着交互关系。在治理控股股东代理成本问题上，内部治理和外部治理是相互影响的。债权人监督是外部治理，在治理控股股东代理成本方面同样也受到内部治理的影响。

公司内部治理主要因素有董事会及其构成、两职合一（CEO Duality，本书简写为 Dua）、股权集中度（TOP_1）及制衡度（TOP_{2-10}）等要素构成。内部治理诸要素之间又是相互制约、相互影响的。董事会是公司内部治理的核心，承担着股东的受托责任，决定公司的重大战略决策，肩负着内部监督责任，监督经理人行为，同时也监督大股东控制权私利行为。理论上讲，董事会规模越大，独立性越强，监督越有力，投资人保护程度也越高。但是，现实中董事会的规模不尽如人意，阻碍了其作用的发挥，而即使董事会规模足够大，但因其独立性不到位，其作用也难以充分发挥，当董事长与总经理或副总经理两职合一时，即使董事会规模足够，对经理人、控股股东的监督仍然乏力。

唐清泉等（2005）的研究表明，在我国，存在着严重的控股大股东资金侵占行为，第二大股东对控股股东的资金侵占行为具有很好的抑制作用。研究还指出，如果第二大股东为机构投资者，这第二大股东同样也有资金侵占动机，此时第三大股东更能代表中小股东利益，并对控股股东的利益侵占行为有一定的约束作用，独立董事对控股股东利益侵占也有一定程度的控制作用。显然，股权集中度高，有利于监督和约束经理人行为，但同时"掏空现象"也越严重；股权制衡虽然有约束控股股东行为的作用，但只有当其决策权与控股股东相抗衡时，监督与约束作用才得以体现。

外部治理机制可以弥补上述内部治理的缺陷。由于债务资金是公司的重要来源，特别是银行资金，是当前我国上市公司赖以生存与发展的外部资金来源，加之银行的各项优势，因此，债权人有能力和动机监督控股股东的行为。基于以上分析，在这里提出本书的第六个研究假设（H6）。

H6：银行监督对控股股东代理成本具有一定的治理作用，内部治理对控股股东代理成本治理效应弱化，在对控股股东代理成本的治理方面，内部治理与银行监督具有交互作用。

5.2 研究设计

5.2.1 样本选择

这里仍以 2008—2010 年间在深圳和上海证券交易所上市的 A 股公司为样本，其中剔除了金融类公司，是为了减少行业因素对检验结果的影响。在实证分析时对剩余行业仍需控制，以进一步排除行业因素的困扰。剔除数据不全或数据不详的公司、剔除资金占用率大于 100% 的公司、剔除 ST 公司（对于 ST 公司，将作为特殊样本在第 7 章单独进行研究）、剔除公司实际控制人信息不确定的公司等，最后得到 2 715 个观测样本。

所有样本公司的相关指标数据主要来自 CSMAR 中国股票市场研究数据库、Wind 数据库、巨灵财经资讯数据库以及证券交易所信息公告，债权人法律制度环境指数来自于樊纲等著的《中国市场化指数：各地区市场化相对进程 2009 年报告》，统计分析基本采用 Excel2003、Eviews6.0 等统计软件。

5.2.2 主要变量及其度量

对于控股股东代理成本的衡量，学术界没有固定的标准。国外学者大都使用间接衡量法，即使用资产或过度投资替代（Jensen 和 Meckling，1976；Myers，1977；Smith 和 Warner，1979）；国内学者大都使用控股股东资金占用率衡量控股股东代理成本（高雷、何少华和仪垂林，2006；高雷、何少华和黄志忠，2006；申明浩，2008；王鹏，2008），本书也采用这种衡量方法。

债权人监督、政府控制和法律制度环境变量仍然采用第 4 章的衡量方法。内部治理中的股权集中度、董事会规模、独立董事比例也采用第 4 章的衡量方法，本章在内部治理中增加了两职合一指标，用以反映董事会的独立性。在其他控制变量中增加了资产报酬率指标，用以反映公司盈利能力对控股股东的影响，公司盈利能力越大，控股股东资金占用动机越小；上市年限越长，控股股东资金占用越多；公司规模越大，控股股东资金占用越少。为了控制行业因素和年度因素对实证结果的影响，本书还设定了两个控制哑变量，行业哑变量和年度哑变量。本章主要变量及其度量见表 5-1。

表 5-1   **变量及其度量**

变量类型	变量名称	变量代码	变量度量
控股股东代理成本 (因变量)	控股股东代理成本	Sc	资金占用率=其他应收款/期末总资产
债权人监督 (自变量)	银行借款率	Loan	年末银行借款余额/年末资产总额
内部治理 (自变量)	股权集中度	Top_1	第一大股东持股比例
	股权制衡度	Top_{2-10}	第二到第十大股东持股比例
	董事会规模	Board	董事会人数
	外部独立董事比例	Outdir	独立董事人数占董事会人数的比例
	两职合一	Dua	两职合一取值1,否则取值0
制度环境 (自变量)	债权人法律保护程度	Law	用樊纲等的市场化指数衡量,指数越大表明债权人法律保护越有效
政府控制	产权属性	State	国有控股取值1,非国有控股取值0
其他变量 (控制变量)	公司规模	Lnsize	年末资产总额的自然对数
	公司成长	Growth	主营业务收入年增长率
	上市年龄	Age	公司上市年限
	资产报酬率	ROA	ROA=年末净利润/年末总资产
	年份虚拟变量	$Year_1$	年度为2008年,取值为1,否则为0
		$Year_2$	年度为2009年,取值为1,否则为0
	行业虚拟变量	Indus	行业为制造业取值为1,否则为0

根据研究设定的假设,本章研究建立了以下三个模型(式5.1~式5.3):模型(1)显示了政府控制对债权人监督控股股东代理成本的影响;模型(2)表现了内部治理对债权人监督控股股东代理成本的影响;模型(3)体现了法律制度环境债权人监督控股股东代理成本的影响。

$$SC=\beta_0+u_i+\beta_1 Loan+\beta_2 State+\beta_3 Loan \times State+\beta_4 Control+\sum Indst+\sum Year+\varepsilon \quad\text{·····················}\ 式5.1$$

$$SC=\beta_0+u_i+\beta_1 Loan+\beta_2 ICG+\beta_3 Loan \times ICG+\beta_4 Control+\sum Indst+\sum Year+\varepsilon \quad\text{·················}\ 式5.2$$

$$SC=\beta_0+u_i+\beta_1 Loan+\beta_2 Law+\beta_3 Loan \times Law+\beta_4 Control+\sum Indst+\sum Year+\varepsilon \quad\text{··················}\ 式5.3$$

三个模型中都设定了政府控制、法律制度环境和内部治理与总的银行借款率的交互项,用来检验对控股股东代理成本的交互效应。如果交互项系数为正,说明与银行债权人监督存在互补关系;如果交互项系数为负,说明与银行债权人监督具有替代关系。

5.2.3　描述性统计

从表5-2显示的统计结果可以看出，控股股东代理成本（控股股东占用资金）的均值在2%以上，最大值在55%以上，说明控股股东占用资金的现象比较普遍，这一点验证了我国上市公司中由于控股股东占用资金导致公司陷入困境的事实。本章选取第二到第十大股东持股比例（Top_{2-10}）作为股权制衡度的替代变量，从其均值和最大值来看，分别在17%和61%以上，表明在我国上市公司中，第一大股东持股比例较高，大股东控制现象严重；两职（即董事长与总经理）合一的均值在14%以上，表明上市公司中两职合一现象较为严重。其他相关变量不一一说明，具体分析在下文详细阐述。另外，对资产报酬率单独做了统计，均值为5.61%，最大值为70.72%，最小值为-118.63%，表明上市公司获利水平差异较大。

表5-2　　　　　　　　　　　变量描述性统计结果

变量名	样本	最小值	最大值	均值
Sc	2 715	0.000	0.5565	0.0211
Loan	2 715	0.0000	1.1485	0.2179
Top_1	2 715	3.69	86.42	36.1233
Top_{2-10}	2 715	0.57	61.44	17.8574
Board	2 715	4.00	18.00	9.16
Outdir	2 715	0.1250	0.7143	0.3637
Mshare	2 715	0.0000	0.7500	0.0313
Lnpay	2 715	10.3609	21.2636	13.7411
Lnsize	2 715	18.07	28.1356	21.79
State	2 715	0.0000	1.0000	0.3690
Age	2 715	3.00	21.00	11.42
Dua	2 715	0.0000	1.0000	0.1413
Law	2 715	7.1315	8.9876	8.0389
Growth	2 715	-0.9843	1 924.5302	1.6419
ROA	2 715	-1.1863	0.7072	0.0561

为了说明各变量之间相关关系和相关度，本章对所选用的变量进行了皮尔森相关系数检验，检验结果见表5-3。从相关系数检验结果来看，所有变量的相关系数绝对值都很低，远低于该检验方法设定的标准界限值0.7，即，若相关系数大于0.7表示存在严重的自相关，系数值越小，说明变量间的自相关度越低。此处皮尔森相关系数最大值只有0.333，且都在1%的水平上显著，因此方程中的变量之间不存在多重共线性的问题。

表5-3 皮尔森相关系数检验

	Sc	Loan	Top₁	Board	Outdir	Lnsize	State	Age	Dua	Top₂₋₁₀	Law
Sc	1										
Loan	−.014	1									
Top₁	−.164**	−.011	1								
Board	−.101**	.106**	.011	1							
Outdir	.045*	−.029	.056**	−.277**	1						
Lnsize	−.132**	.283**	.278**	.332**	.033	1					
State	−.045*	.079**	.181**	.164**	−.022	.188**	1				
Age	.144**	.070**	−.106**	−.060**	−.010	.094**	.099**	1			
Dua	.026	−.078**	−.060**	−.127**	.023	−.143**	−.125**	−.111**	1		
Top₂₋₁₀	−.053**	−.037	−.332**	.110**	−.037	−.001	−.047*	−.329**	.020	1	
Law	.050**	.028	.029	.012	−.038*	−.113**	.265**	.000	.004	.053**	1

注：** 在 .01 水平（双侧）上显著相关；* 在 0.05 水平（双侧）上显著相关。

5.3 实证检验结果

本章在模型选择和模型处理方面的实证检验步骤与第4章是一致的，在此就不再赘述了。

5.3.1 回归结果

本章实证检验是围绕着理论分析所得出的假设逐一进行的，按照本章假设的三个内容进行回归分析，在模型选择方面进行了F、LM、Hausman等检验，根据检验结果选择了固定效应模型，具体如下：

1）政府控制及债权人监督对控股股东代理成本的治理效应

国内的大部分研究认为债与控股股东资金占用存在正相关关系，即债权人投资越多，控股股东资金占用越多（李增泉等，2004；高雷、何少华、仪垂林，2006；罗党论、唐清泉，2007；叶康涛等，2007；申明浩，2008；王鹏，2008；王克敏等，2009），这些研究都没有进一步指出债务与控股股东资金占用存在正相关关系的原因；高雷等（2006）在研究中分析了债权人投资与控股股东代理成本正相关关系，他们指出这种正相关关系是因为存在严重的政府控制所导致的，政府控制与政府干预加剧了控股股东侵害其他投资人利益的行为。

本书在前人已有的研究基础上，以2008—2010年的上市公司作为研究样本，以股权分置改革后的上市公司数据资料为研究对象，做了以下分析：

第一，分析当在债权人和其他中小投资者利益的政府保障不足的情况下，银行债权人作为控股股东之外的具有较强专业优势和信息优势的投资人，检验银行债权人其参与公司债务治理对控股股东代理成本的治理效应；第二，考虑了政府控制因素，即，当State分别取值为1和0时，对方程进行回归分析，考察政府控制对控股股东代理成本的治理效应；第三，实证分析政府控制与银行债权人交互作用对控股股东代理成本的影响。

从表5-4（a）中的模型22可以看出，非国有公司中，银行借款率与控股股东资金占用之间的相关系数值为-0.00043，P值为0.9244，说明在非国有公司中，银行监督对控股股东代理成本没有治理效应，实证结果没有充分支撑支持银行债权人监督对控股股东代理成本具有治理效应的结论。从模型23的实证结果看，在国有公司中，银行借款率与控股股东资金占用显著负相关，并且政府控制与银行监督在影响控股股东代理成本方面具有一定的互补效应，交互项系数显著为正。这一结果说明，在国有公司中，银行监督对控股股东代理成本具有治理效应。这一结果与国内已有的研究结论相悖，为了进一步检验这个结论，本书还将样本公司区分为国有和非国有进行了回归，结果见表5-4（b）。

表5-4（a）　　　**政府控制及债权人监督对控股股东代理成本的治理效应**

变量名	模型22			模型23		
	系数	T值	P值	系数	T值	P值
Loan	−0.0004	−0.09	0.1244	−0.058	−5.70	<.0001
Lnsize	0.0020	1.85	0.0641	−0.0176	−9.13	<.0001
Growth	−0.0089	−6.67	<.0001	−0.0031	−1.30	0.1953
Age	0.0011	7.12	<.0001	0.0017	5.97	<.0001
State				−0.0088	−2.03	0.0429
State× Loan				0.0347	2.26	0.0242
Indus	控制			控制		
Year	控制			控制		
F	12.18			188.67		
R^2	0.592			0.7138		
p	0.1027			<.0001		

注：（1）样本观测值为2 715；（2）模型均修正了异方差、序列相关和截面相关问题。

表5-4（b）　　　政府控制及债权人监督对控股股东代理成本的治理效应

变量名	国有公司(N=1013)			非国有公司(N=1702)		
	系数	T值	P值	系数	T值	P值
Loan	−0.0160	−2.2725	0.0233	0.0025	0.3941	0.6935
Lnsize	0.0048	2.7443	0.0062	−0.0003	0.0014	0.8300
Growth	−0.0100	−4.4018	0.0045	−0.0072	−4.1325	<.0001
Age	0.0007	2.8491	<.0001	0.0012	6.6039	<.0001
Indus	控制			控制		
Year	控制			控制		
F	11.6001			24.9590		
R²	0.0544			0.6851		
P	<.0001			<.0001		

　　从表5-4（b）的结果看，在国有公司中，银行借款率与控股股东代理成本之间在5%水平上显著负相关，而在非国有公司中，银行借款率与控股股东代理成本之间的相关系数为0.0025，P值为0.6935，这一结果再次验证了前面的实证结果，银行监督国有公司控股股东代理成本的治理效应远大于非国有公司。

　　上述实证结果与大部分研究结论并不完全一致，本书认为可能的原因在于控股股东资金占用问题和我国各项改革带来的变化。大部分学者研究的数据资料都表现为国有上市公司控股股东资金占用高于非国有上市公司。本书选取的2008—2010年的2 715家样本公司的数据资料则相反，2008—2010年间国有上市公司的控股股东资金占用的均值分别是2.15%、1.72%、1.63%，而非国有上市公司的则分别是2.68%、2.12%、1.88%，非国有上市公司控股股东资金占用各年均值都略高于国有上市公司，两类公司的控股股东资金占用都表现为逐年下降的趋势，这是造成与前人研究结论不同的基本原因。另外，近几年我国各项改革都已基本实现实质上的进展，改革成效突显；商业银行体制改革使银行独立行使监督权的能力提高；政府干预现象有所下降，国有股减持以及股权分置改革基本完成；由于控股股东资金占用使公司丧失投资机会，导致投资获利水平下降，控股股东对此已有所认识，降低了资金占用比例等，都是其中原因。

　　以上分析说明，本书的实证结果并没有推翻前人的研究结论，而是进一步检验了前人的研究结论，即减少政府控制、提升银行债权人独立行使监督权的能力、减少政府干预、提高控股股东的投资意识等，有利于解决控股股东代理成本问题，抑制控股股东的隧道效应，保护中小投资者及债权人利益。可见，表5-4（a）、表5-4（b）的回归结果支持了本书的第四个假设。

2）法律制度环境及债权人监督对控股股东代理成本的治理效应

法律制度是公司治理的重要外部治理机制。法律制度环境越好，投资者保护越有力，尤其是对中小投资者和债权人的保护越好，控股股东代理冲突越少，控股股东代理成本越低。本章依据这一基本理念进行了实证检验，具体见表5-5。

表5-5　　　法律制度环境及债权人监督对控股股东代理成本的治理效应

变量名	模型24		
	系数	T值	P值
Loan	−0.0494	1.09	0.1000
Law	−0.0016	<.0001	<.0001
Loan ×Law	−0.0062	−1.10	0.1001
Lnsize	0.0020	1.88	0.0602
Growth	−0.0090	−6.71	<.0001
Age	0.0011	7.14	<.0001
Indus	控制		
Year	控制		
F	31.30		
R^2	0.3042		
P	<.0001		

注：（1）样本观测值为2 715；（2）模型均修正了异方差、序列相关和截面相关问题。

从表5-5的实证结果来看，在法律环境模型下，银行借款率与控股股东代理成本在10%的水平上显著负相关，即银行监督有利于缓解控股股东代理冲突，能够降低控股股东的资金占用，约束控股股东隧道行为，有利于保护中小投资者和债权人利益。Law与SC之间呈显著的负相关关系，相关系数值为−0.0016，P值小于0.001，即法律制度环境有利于加强对控股股东资金占用的约束，符合国内外的主流研究结论。Law与Loan的交互项系数在10%的水平上显著为负，说明两者之间具有一定的替代效应。根据上述分析，实证结果完全支持了第五个假设（H5）的内容。另外，模型的总体拟合优度为0.3042，F值为31.30，模型的P值小于0.0001，因此，H5得到了很好的验证。

3）公司内部治理及债权人监督对控股股东代理成本的治理效应

内部治理是公司债务治理的一个重要机制，同时内部治理各因素对债务治理外部机制有极大的影响，既可能有积极作用，也可能有消极作用。本书实证检验了我国上市公司内部治理各因素对控股股东代理成本的影响，以及其对债权人监督控股股东代理成本的影响，具体见表5-6（a）、表5-6（b）和表5-6（c）。

表5-6（a）　　　　　内部治理对债权人监督控股股东代理成本的影响

变量名	模型25			模型26			模型27		
	系数	T值	P值	系数	T值	P值	系数	T值	P值
Loan	0.0078	0.71	0.4751	0.0114	0.56	0.5757	−0.0447	−1.48	0.1398
Top_1	−0.0001	−0.74	0.4596						
Loan ×Top_1	−0.0002	−0.82	0.4122						
Board				0.0001	0.21	0.8299			
Loan×Board				−0.0013	−0.59	0.5555			
Outdir							0.0052	0.24	0.8080
Loan×Outdir							0.1234	1.50	0.1347
Lnsize	0.0008	2.09	0.0545	0.0020	1.81	0.0703	0.0018	1.66	0.0969
Growth	−0.0065	−3.26	0.0011	−0.0088	−6.18	<.0001	−0.0087	−6.51	<.0001
Age	0.0011	7.13	<.0001	0.0011	7.09	<.0001	0.0010	7.23	<.0001
Indus	控制			控制			控制		
Year	控制			控制			控制		
F	22.14			27.85			23.19		
R^2	0.3018			0.4013			0.3059		
P	<.0001			<.0001			<.0001		

模型25～模型30检验了内部治理单因素对银行监督控股股东代理成本的影响。从结果来看，第一大股东持股比例、董事会规模、外部独立董事比例、高管持股四个因素对控股股东代理成本没有治理作用，对银行监督也没有交互效应；高管薪酬增加会增大控股股东代理成本，对银行监督控股股东代理成本没有交互作用。第二到第十大股东持股比例对控股股东代理成本有治理效应，Top_{2-10}与其他应收款占有比例的相关系数为−0.0014，在1%的水平上显著，Top_{2-10}与银行监督的交互项系数为0.002，在5%的水平上显著，这个结果表明，第二到第十大股东持股比例在抑制控股股东代理成本方面有治理效应，对银行监督有互补效应。实证结果说明，在我国上市公司中，董事会与控股股东之间的关系有可能存在利益共谋，以至于董事会及独立董事对控股股东的监督弱化。在所有的单因素模型中，公司成长性对控股股东代理成本有控制作用，公司规模越大、上市年限越长，控股股东代理成本越高。模型25～模型30的实证结果与唐清泉（2005）的部分研究结论一致，即第二到第十大股东持股比例对控股股东代理成本有很强的

抑制作用，他的研究还表明独立董事对控股股东代理成本也有一定的控制作用，而本书实证中没有显示董事会独立性对控股股东代理成本具有治理作用，但本书实证得到了另一个结论，即在影响控股股东代理成本方面，第二到第十大股东持股比例与银行监督之间具有互补效应。

表5-6（b）　　内部治理及债权人监督对控股股东代理成本的治理效应

变量名	模型28			模型29			模型30		
	系数	T值	P值	系数	T值	P值	系数	T值	P值
Loan	−0.0863	−1.12	0.0771	−0.0009	−0.20	0.8400	−0.0003	−0.06	0.9544
Lnpay	0.0013	0.801	0.0022						
Loan ×Lnpay	0.0063	0.112	0.0061						
Mshare				−0.0155	−0.15	0.1341			
Loan×Mshare				0.0120	0.25	0.7993			
Top_{2-10}							−0.0014	−3.151	0.0027
Loan×Top_{2-10}							0.0011	2.517	0.0119
Lnsize	0.0028	2.47	0.001	0.0019	1.73	0.0841	0.0020	1.87	0.0617
Growth	−0.0109	−7.01	0.002	−0.0090	−6.74	<.0001	−0.0089	−6.61	<.0001
Age	0.0011	6.84	0.0002	0.0010	5.67	<.0001	0.0012	7.18	<.0001
Indus	控制			控制			控制		
Year	控制			控制			控制		
F	11.24			33.01			30.31		
R^2	0.3057			0.3048			0.3041		
P	<.0001			<.0001			<.0001		

　　模型31是包含全部内部治理因素在内的模型。从模型31来看，内部治理对银行监督控股股东代理成本没有交互效应，第二到第十大股东持股比例的检验结果与单因素检验结果一致。第一大股东持股比例、董事会规模、外部独立董事比例、高管薪酬等对控股股东代理成本没有治理作用。高管持股则增大了控股股东代理成本。

　　回归结果验证了第六个假设（H6）的部分。对单因素进行回归分析的结果显示，在高管薪酬和第二到第十大股东持股比例模型中，银行监督对控股股东代理成本具有治理作用，在其他内部治理单因素模型中，银行监督对于控股股东代理成本没有治理效应。理论上来说，董事会及独立董事机制能够起到约束控股股东行为的作用，但本书的实证并没有得到这一结论，出现这一结果的可能原因是控股股东与经理人的合谋，这有待以后进一步研究。另外，在内部治理模型中，高管薪酬机制在一定程度上有助于银行监督作用的发挥，而高管持股机制却没有显示这一作用，故还有待对高管持股的动因、持股的方式以及持股比例等做深层分析。两职合一对控股股东代理成本也没有治理效应，与银行监督不具有交互关系，说明两职合一与否对我国上市公司债务治理没有效应，还需对两职合一的实质做进一步挖掘才能判断失效的原因。

表5-6（c）　　　内部治理及债权人监督对控股股东代理成本的治理效应

变量名	模型31		
	系数	T值	P值
Loan	−0.1156	−1.37	0.1715
Top_1	−0.0013	−0.58	0.5627
Loan×Top_1	−0.0003	−0.96	0.3380
Top_{2-10}	−0.0004	−3.001	0.0027
Loan ×Top_{2-10}	0.0011	2.517	0.0119
Board	−0.0013	−0.47	0.6400
Loan×Board	−0.0014	−0.55	0.5798
Outdir	0.0067	0.29	0.7691
Loan ×Outdir	0.1125	1.31	0.1902
Lnpay	−0.0044	−0.51	0.6110
Loan ×Lnpay	0.0070	1.22	0.2221
Mshare	−0.0207	−1.65	0.0998
Loan ×Mshare	0.0153	0.32	0.7471
Dua	0.0018	0.91	0.3639
Loan×Dua	−0.0036	−0.25	0.7993
Lnsize	−0.0045	−0.42	0.6744
Growth	0.0046	0.19	0.8475
Age	0.0014	5.41	<.0001
Indus	控制		
Year	控制		
F	3.10		
R^2	0.266		
P	0.0450		

5.3.2 稳健性检验

本章选用了分年度回归分析方法对上述实证结果的可靠性进行检验。上述回归分析是将2008—2010年间的样本数据进行回归分析，事实上每个年度可能存在各种差异，为了避免不同年度对实证结果可靠性的影响，本章分别对2008年、2009年、2010年的数据样本单独进行参数估计和采用替换因变量的方法进行稳健性检验。具体回归分析结果如下：

1）政府控制及债权人监督对控股股东代理成本治理效应的稳健性检验

从表5-7的分析结果看，三个年度中银行监督对控股股东代理成本没有治理效应，政府控制对控股股东代理成本也没有抑制作用，政府控制与银行监督不存在交互效应。

表5-7　政府控制及债权人监督对控股股东代理成本治理效应的稳健性检验

变量名	2008年			2009年			2010年		
	系数	T值	P值	系数	T值	P值	系数	T值	P值
Loan	0.0049	0.5738	0.5665	−0.0106	−1.1260	0.2605	0.0020	0.1458	0.8841
Lnsize	0.0024	−0.0081	0.0007	0.0012	−0.0062	0.0010	0.0014	−0.0088	0.0015
Growth	−0.0081	−4.0156	0.0001	−0.0062	−2.6661	0.0078	−0.0088	−3.0822	0.0021
Age	0.0001	3.1163	0.0019	0.0078	4.1047	0.0000	0.0021	4.7037	0.0000
State	−0.0029	−0.7167	0.4737	−0.0007	0.1678	0.8668	−0.0009	−0.1962	0.8445
State×Loan	0.0101	0.6928	0.4886	−0.0124	−0.8661	0.3866	−0.0183	−1.0799	0.2805
Indus	控制			控制			控制		
F R^2 p	12.18 0.592 0.1027			9.0492 0.2389 <.0001			11.52720 .2825 <.0001		

为进一步分析政府控制对银行监督控股股东代理成本的影响，这里还将本书所选样本公司按产权性质分为国有和非国有进行了检验，结果见表5-8。

表5-8　政府控制及债权人监督对控股股东代理成本的治理效应的稳健性检验

变量名	国有公司（N=1013）			非国有公司（N=1702）		
	系数	T值	P值	系数	T值	P值
Loan	−0.0160	−2.2726	0.0233	0.002521	0.394135	0.6935
Lnsize	0.0048	2.7444	0.0062	−0.000298	−0.214787	0.8316
Growth	−0.0099	−4.4018	<.0001	−0.007159	−4.132506	<.0001
Age	0.0007	2.8491	0.0045	0.001299	6.603977	<.0001
Indus	控制			控制		
Year	控制			控制		
F	11.6001			24.9591		
R^2	0.1544			0.1685		
P	<.0001			<.0001		

从表5-8中的结果可以清楚地发现，在国有公司中，银行监督反而对控股股东代理成本有很显著的抑制作用，在5%的水平上显著负相关；而在非国有公司中，银行借款率与控股股东代理成本的相关系数则是不显著为正。这说明，在国有公司中，银行监督对控股股东代理成本具有治理效应，而在非国有公司中，银行监督没有治理效应。稳健性检验基本支持了本书的第四个假设（H4）。

2）法律制度环境及债权人监督对控股股东代理成本治理效应的稳健性检验

由于本书选用樊纲等编制的法律环境指数表示样本公司的年度法律环境，而该指数只编报到2007年，因此本书对该指数做了适当处理，以截止到2007年各地区的指数的增减变化率计算平均增减变动数，以此推算2008—2010年的各年指数，并不考虑样本公司所在区域的具体指数差异，所以，在分年度稳健性检验中导致该指数成为常量，为避免变量损失，本部分稳健性检验采用了替换应变量的方法，即将其他应收账款占资产的比例替换为应收账款净额占资产的比例。稳健性检验结果见5-9。

表5-9 法律制度环境及债权人监督对控股股东代理成本治理效应的稳健性检验

变量名	系数	T值	P值
Loan	−0.0042	1.8198	0.0904
Law	−0.0014	−1.280	0.2006
Loan ×Law	0.0005	0.1308	0.8960
Lnsize	−0.0072	−4.7216	<.0001
Growth	−1.26E−05	−1.0043	0.3153
Age	−0.0044	−8.4541	<.0001
Indus	控制		
Year	控制		
F	14.1913		
R^2	0.1092		
P	<.0001		

从表5-9的稳健性检验结果来看，银行借款率与应收账款占用比例的相关系数为−0.0042，且在10%的水平上显著，再次证明银行监督控股股东代理成本具有治理效应；法律环境与应收账款占用比例之间的相关系数为负，但不显著，说明法律环境对控制大股东资金侵占行为没有起到作用；在对应收账款占用率的影响方面，银行监督与法律环境没有交互效应，这与之前对其他应收账款占用比例的实证回归结果相反；从稳健性回归结果来看，基本验证了本书的第五个假设（H5）。未验证的部分可能是由于应收账款占用额大部分是来自于商品的销售行为，但很难从信息含量中推断大股东资金侵占情况，致使稳健性检验只部分通过。

3）内部治理及债权人监督对控股股东代理成本治理效应的稳健性检验

从表5-10来看，三个年度中，银行借款率对控股股东代理成本没有治理效应；股权集中度与控股股东代理成本之间在三个年度也都呈现负相关关系，但2008年不显著，表明股权集中度对控股股东代理成本有一定程度的控制作用；股权制衡度与控股股东代理成本也呈现负相关关系，但2008年表现不显著，表明股权制衡度在一定程度上能抑制控股股东代理成本；董事会规模、独立董事比例三个年度都呈现出治理无效的状况，与之前的检验结果一致，表明董事会在公司债务治理中的作用不佳，这与我国当前的事实相符；两职合一对控股股东代理成本没有治理作用。从银行借款与内部治理各因素的交互效应来看，在影响控股

表 5-10　　内部治理及债权人监督控股股东代理成本治理效应的稳健性检验

变量名	2008年			2009年			2010年		
	系数	T值	P值	系数	T值	P值	系数	T值	P值
Loan	−0.0525	−0.7649	0.4445	−0.0752	−1.0628	0.2881	−0.0055	−0.0660	0.9474
Top$_1$	−0.0001	−0.8201	0.4124	−0.0003	−1.6878	0.0918	−0.0004	−2.2573	0.0242
Loan×Top$_1$	−0.0002	−0.3341	0.7380	0.0002	0.3304	0.7418	0.0001	0.1939	0.8463
Top$_{2-10}$	−0.0001	−0.7125	0.4763	−0.0003	−2.2769	0.0230	−0.0005	−2.5955	0.0096
Loan×Top$_{2-10}$	0.0003	0.5452	0.5857	0.0009	1.4306	0.1529	0.0015	2.1219	0.0341
Board	−0.0009	−0.8073	0.4197	−0.0003	−0.2417	0.8090	0.0002	0.1116	0.9111
Loan×Board	−0.0003	−0.0956	0.9239	−0.0018	−0.4622	0.6441	−0.0038	−0.9093	0.3634
Outdir	−0.0235	−0.6632	0.5074	−0.0140	−0.3710	0.7107	0.0496	1.1616	0.2457
Loan×Outdir	0.1773	1.2953	0.1956	0.1560	1.1051	0.2698	0.0147	0.0895	0.9287
Dua	−0.0035	−0.6965	0.4863	0.0055	1.0958	0.2735	0.0080	1.2325	0.2181
Loan × Dua	0.0004	0.0224	0.9821	−0.0021	−0.0978	0.9221	−0.0317	−1.1625	0.2453
Lnsize	0.0007	0.3471	0.7286	−0.0017	−3.0014	0.0009	−0.0038	3.0006	0.0012
Growth	−0.0041	−1.0454	0.2961	−0.5899	0.5554	0.9057	−1.2217	0.2221	0.1156
Age	0.0006	2.4985	0.0127	0.9159	3.1205	0.0019	0.9080	3.4304	0.0006
Indus	控制			控制			控制		
F	3.132			5.01853			6.3863		
R^2	0.1502			0.1781			0.2972		
P	<.0001			<.0001			<.0001		

股东代理成本方面，只有 2010 年银行借款率与股权制衡度呈显著正相关，其他年份和其他内部治理因素与银行监督都没有交互效应。从稳健性检验来看，三个年度的方程 P 值都通过了检验，说明方程具有稳定性。

从上述结果来看，内部治理模型的稳健性检验没有能达到预期，本书认为除了可能存在严重的内部人控制、大股东与经理人合谋的原因外，还有一个可能的原因是 2008 年世界范围的金融危机，使得世界很多知名企业面临破产、重组、并购等危机，这些对我国上市公司产生了负面影响，对国外引入的治理模式和治理经验产生质疑，放松了内部治理机制的建设。

5.4　研究结论

根据本书的实证分析结果，得到如下结论：（1）对于国有公司，银行监督能有效治理控股股东代理成本。而对于非国有控股公司，银行债权人治理则表现出无效。（2）在内部治理模型中，银行监督具有治理效应，股权制衡对控股股东代理成本具有显著的控制效应，在对控股股东代理成本的治理方面，银行监督与第二到第十大股东持股比例具有交互作用，表现为互补关系。（3）法律制度环境对控股股东代理成本没有抑制作用。银行监督对控股股东代理成本的治理具有显著的正效应。在对控股股东代理成本的治理方面，银行监督与法律制度环境具有一定的互补效应。

6 债权人监督与公司绩效的实证分析

根据西方的理论研究可以确定，在不完美市场条件下，债务能够降低经理人代理成本，提升公司价值，增加股权投资人的利益，债权人监督效应显著。修正的 MM 理论证明了债务具有税盾效应，债务比例越高，公司价值越大。但是，权衡理论认为，负债会使公司面临破产威胁，负债比例的选择应在破产成本与财务效应、治理效应之间进行权衡。Li 和 Nair（2009）研究指出，虽然负债可以改善公司绩效，提升公司价值，但是，这种效应的发挥受治理环境中其他因素的影响较大。基于此，本章着重研究我国上市公司债务治理中债权人监督与公司绩效之间的关系，以及治理环境中政府控制、法律制度环境、内部治理等对债权人监督作用的影响。

6.1 理论分析与研究假设

已有的经典理论（修正 MM 理论、契约理论、控制权理论、代理理论、信息理论、权衡理论）都认为债务能够影响公司的价值，能提升公司绩效。但是，从关于债务治理对公司绩效的研究的结果来看，并没有得到统一的结论。有的研究结果显示，长期债务对公司绩效的影响不显著，短期债务则对公司绩效影响较大（Hart 和 Moore，1995，1998）；有的研究则得到了相反的结论（Bergolf 和 Thadden，1994；赵玉珍等，2011）；有研究认为适度负债有利于公司绩效的提升（Grossman 和 Hart，1982）；而有些研究认为债务不具有治理效应，不能提升公司绩效（杨兴全，2002；邓莉，张宗益，李宏胜，2007）。以上研究都是从债务不同构成比例进行分析，研究不同债务类别（长期债务、短期债务、债券融资债务、全部债务等）的治理效应。债权人参与公司债务治理除了对代理成本会产生影响之外，对公司的经营绩效也有着一定的影响。从我国学者的研究来看，大部分学者研究认为债务与公司绩效负相关，但对于产生这一结果的原因分析得却很少。

本书则是从债权人监督视角，结合政府控制、公司内部治理、法律环境因素，研究债权人参与公司债务治理对公司绩效的影响，进一步解释在我国债务与公司绩效负相关的原因，在分析中依然将债权人界定为银行债权人（理由如前文所述）。

6.1.1　政府控制及债权人监督对公司绩效的治理效应

西方理论及研究认为，适度债务能提升公司价值，提高公司绩效，刺激经理人努力工作，缓解代理冲突等，研究都表明负债有利于提高企业绩效，也就是说债权人治理效应是存在的。Li 和 Nair（2009）研究认为，治理环境对债权人治理的有效性会产生一定的影响。也就是说，西方的理论及研究大都是以西方发达国家为研究对象，经济环境、法律制度环境、金融发展水平、公司治理水平等与我国存在很大差异，研究结论对我国不一定适宜。我国学者以我国上市公司为研究对象所做的大量分析研究，得到的结论是债权人治理与公司绩效负相关，并揭示了产生负相关的原因。于东智（2003）研究认为造成债权治理无效的根本原因是制度因素。田利辉（2004，2005a，2005b）研究表明造成债权人治理无效的主要原因是预算软约束，因为预算软约束会导致银行产生大量坏账。这个结论与本书第 2 章现实背景中银行不良贷款的描述结果一致。杜飞轮和张海鹏（2007）对我国上市公司债务治理效应的研究表明，产权性质是导致我国上市公司债权人治理效应弱化的主要原因。谢德仁和张高菊（2007）研究指出，在我国，提高债权人治理效应的途径是改善金融机构的独立性。谢德仁和陈运森（2009）的研究进一步指出，政府控制削弱了债权人治理效应。

在本书的第 4 章和第 5 章的分析中可以发现，在我国上市公司的债务治理中，政府控制的存在并没有改变债权人参与公司治理对代理成本的效应。本章首先从公司绩效角度分析政府控制对债权人参与公司债务治理的影响，政府控制使国有上市公司内部代理冲突更加难以捕捉，预算软约束问题更严重，削弱了债权人治理效应。基于以上分析，这里提出本书的第七个研究假设（H7）。

H7：政府控制具有调节债权人监督与公司绩效之间关系的作用，政府控制使债权人治理效应被扭曲得更为严重。

6.1.2　法律制度环境及债权人监督对公司绩效的治理效应

企业是一组由契约关系联系起来的结合体，完善的法律制度环境能有效地保障各个契约关系方的利益，但是，法律制度完善程度不可能达到这个最优质的状态。而且，不同的法律体系、执行力等对契约关系方的利益保护存在一定的差异，对公司绩效有一定的影响作用。

各国法律制度的完善程度、法律的执行力度都存在较大差异（纵向差异），而且公司治理环境的其他方面如政府行为、产权保护、法治体系、市场竞争、信用体系、契约文化等方面的制度环境也都存在较大的区域性差异，各地的市场化进程也不平衡，各自具有不同的公司治理层面的制度、独立董事制度、信息披露制度、独立审计制度、经理人市场机制、接管和购并市场机制等，这些法律制度都极大地影响着公司的治理效应，进而影响了公司的经营绩效。

LLSV（1998）对49个国家对股东和债权人提供保护的法律法规、法律起源及其执行效率进行了研究，指出法律起源、法律执行效率存在很大的差异。研究还指出，投资者保护弱的国家中会出现一些弱法律保护的替代机制，比如强制分红（Mandatory Dividends）、法律保留原则（Retention of Law Principles）等。Claessens等（2000）研究表明，投资者法律保护弱会降低公司价值，并且使得所有权越来越集中于控股股东之手。张玲、刘启亮（2009）研究指出，治理环境因素极大地影响着负债与公司盈余管理的正相关关系，在市场化程度高、制度环境好、政府干预少的情况下，这种正相关关系更为显著。宁向东（2005）研究指出，契约的顺利实施有助于契约双方实现各自的私人利益，但是这种利益的获得最终要靠法律和有效的司法体系。

基于近年来我国加大了法律制度建设的力度，金融改革也有较大幅度的推进，公司治理环境有了大幅提升等，这里提出本章的第二个假设，也是本书的第八个假设（H8）。

H8：银行监督、法律制度环境与公司绩效正相关，同时，在对公司绩效的治理方面，法律制度环境和债权人监督有互补效应。

6.1.3 公司内部治理及债权人监督对公司绩效的治理效应

如前所述，企业各契约方的利益保障依赖于法律制度环境的完善以及减少政府的控制与干预，但是，没有哪个国家的法律完善及政府干预程度能够达到足以满足契约各方利益均衡的一切要求的程度，即使假定存在这种状态，由于公司治理的内外部微观因素也影响着各方的利益均衡，因此，契约各方的利益还需要内外部治理的宏观及微观机制共同作用才能得到充分保障。公司治理机制包含了内部治理机制和外部治理机制。郑志刚和吕秀华（2009）研究指出，外部治理机制为内部治理机制的实施提供了制度环境，而内部治理机制是外部治理机制实施的最终体现。Gillan（2006）指出，公司治理的重要研究内容是研究银行债权人监督、法律环境、市场竞争等外部治理机制与股权集中度、董事会结构、经理激励等内部治理机制之间的关系，以及内外部治理机制相互作用的机理。

公司治理的内部因素主要包括第一大股东持股在某种程度上能够监督经理人行为，降低经理人代理成本，实现控制权共享利益，但是，只有在内部人控制严重影响到第一大股东利益时，这种监督作用才能得以体现。而大多数情况是，第一大股东凭借其持股比例优势，利用投票权及表决权牺牲中小股东及债权人的利益来实现自身利益的最大化。Pedersen和Thomsen的实证研究分析了公司股权集中度与公司净资产收益率的关系，得出了二者之间显著正相关的结论。大量的经验证据表明，大股东的股权性质影响着股权集中度和股权制衡与公司价值之间的关系。孙永祥和黄祖辉（1999）研究发现，第一大股东持股比例与公司价值呈现倒U形关系，第一大股东持股比例与银行监督间可能存在交互效应，共同对企业绩效产生影响。徐莉萍、辛宇和陈工孟（2006）实证研究发现，股权集中度和经营绩效之间有着显著的正相关关系，而且这种关系在不同性质的控股股东中都是存在的。刘国亮、王加胜（2000）和张红军（2000）研究也到了类似的结论。而杜莹、刘立国（2002）从股权结构的"质"和"量"两个方面分析研究了股权结构与公司绩效的关系，研究得到了股权集中度与公司绩效呈倒"U"关系。从以上内容可以确定，第一大股东影响了公司绩效。

董事会在公司内部治理中有着极为重要的地位。已有的研究一致认为，董事会规模及其独立性对公司治理有着重要作用。董事会成员构成中要保持一定的外部独立董事比例，董事会才能有效发挥其应有的监督作用。董事会的监督作用主要体现在对经理人及控股股东自利行为方面，包括经理人和控股股东侵害其他投资人利益的行为。债权人对经理人和控股股东的监督属于外部治理，由于信息不对称和投资风险的不确定性，债权人在投资决策和获取信息方面，一定程度上依赖于董事会，因此，债权人监督与董事会在公司治理方面具有一定的交互作用。

控股股东、董事会等很难做到对经理人的代理行为及其投融资决策有全面和准确的把握，不可能及时和全面观测到代理人的行为及动机，难以确定哪些行为和决策对公司及投资人利益有利，基于这种现实情况，代理理论提出应建立激励机制。代理理论认为，激励机制有利于激励经理人采取和实施有利于增加投资人财富及公司绩效的行为和决策，激励机制有利于协调经理人与投资者利益，降低经理人过度投资、谋取私利、自由现金流挥霍等行为，从而保证公司的偿付能力。因此，激励机制与债权人监督在公司治理绩效方面也具有一定的交互作用。关于激励机制，本书主要选取两个指标作为其替代变量，一是经理人持股比例，另一个是高管薪酬。

鉴于以上分析，这里提出本书的第九个假设（H9）。

H9：银行监督与公司绩效呈显著负相关，在对公司绩效的治理方面，银行监督与内部治理具有替代效应。

6.2 研究设计

6.2.1 样本选择

本章仍以2008—2010年间在深圳和上海证券交易所上市A股公司为样本，剔除了金融类公司，剔除了数据不全或数据不详的公司，剔除了资产报酬率大于100%的公司，剔除ST公司（将ST公司作为特殊样本，在第7章单独进行研究），剔除了公司实际控制人信息不确定公司等，最后的观测样本是2 715个。

所有样本公司的相关指标数据主要来自CSMAR中国股票市场研究数据库、Wind数据库、巨灵财经资讯数据库以及证券交易所信息公告，债权人法律制度环境指数引用了樊纲等著的《中国市场化指数：各地区市场化相对进程2009年报告》中的法律制度环境指数，统计分析基本采用Excel2003、Eviews6.0等统计软件。

6.2.2 主要变量及其度量

本章选择ROA作为公司绩效（Performance，书中简写为P）的替代变量，将ROE作为公司绩效替代变量的稳健性检验指标。国内外常用的公司绩效的替代变量除了这两个指标外还有很多，如每股收益、托宾Q值、经济附加值、市场与账面价值之比、主营业务收益率、股票收益率等，但本书认为这些指标在计算和获取上存在一定的争议，比如托宾Q值，虽然它具有很强的理论逻辑性，西方关于公司绩效和公司成长的研究很多都采用了该指标，但是，有学者认为它不适合用以度量我国上市公司的经营绩效。托宾Q值的计算涉及公司的市场价值和重置成本，而市场价值受资本市场中很多因素的影响，特别是资本市场不发达以及政府干预较多国家，上市公司市场价值不能真实体现，一方面存在大量非流通股，另一方面市场价值与重置成本的差值难以准确估计，同时重置成本也存在较高的调整成本，这些都表明在我国不适宜采用托宾Q值作为公司绩效的替代变量。另外，反映收益的每股收益率、股票收益率、经济附加值等，其取值都在一定程度上受到资本市场诸多因素的影响，有鉴于此，本书选择了使用较为普遍的反映收益的指标ROA和ROE，作为公司绩效的替代变量。

根据理论分析已经明确知道，内部治理机制（ICG）对公司绩效有很大的影响。本书选择了高管薪酬、经理层持股比例用以反映激励机制对公司绩效的影响；选择第一大股东持股比例、董事会规模、外部独立董事比例三个反映公司股权集中度、股权制衡度的指标来分析研究其对公司绩效的影响；同时，设定了这五个指标与银行借款率的交互项，借以检验其对公司绩效的交互影响。

本书还选择了公司规模、成长性、上市年限作为其他控制变量。这三个指标对公司绩效也有很大影响。一般来说，公司规模大小不同，对公司绩效的影响不同，本书选择以公司资产的自然对数作为规模的替代变量，借以控制公司规模对公司绩效产生的影响；成长性状态不同，公司绩效的表现优劣不同，成长性好的公司相应公司绩效较好，本书选择以主营业务收入年增长率作为成长性的替代变量；公司上市年限能够体现公司历史状态，能反映企业竞争力、绩效、代理冲突等的时间性结果。为了控制行业因素和年度因素对实证结果的影响，本书还设定了两个控制哑变量，行业哑变量和年度哑变量。银行债权人监督、政府控制、法律环境仍然沿用前两章的做法，此处不再赘述。本章设计的全部变量及其度量见表6-1。

表6-1 <center>**变量及其度量**</center>

变量类型	变量名称	变量代码	变量度量
公司绩效 （因变量）	公司绩效	ROA	ROA=(公司税前利润/期末资产总额)×100%
		ROE	ROE=(净利润/期末所有者权益)×100%
债权人监督 （自变量）	银行借款率	Loan	年末银行借款余额/年末资产总额
内部治理 （自变量）	股权集中度	Top_1	第一大股东持股比例
	董事会规模	Board	董事会人数
	外部独立董事比例	Outdir	独立董事人数占董事会人数的比例
	经理层薪酬	Lnpay	前三大高管薪酬总额自然对数
	经理层持股比例	Mshare	经理人持股数额占公司股份的比例
制度环境 （自变量）	债权人法律 保护程度	Law	用樊纲等的市场化指数衡量,指数越大表明债权人法律保护越有效
政府控制 其他变量 （控制变量）	产权属性	State	国有控股取值1,非国有控股取值0
	公司规模	Lnsize	年末资产总额的自然对数
	公司成长	Growth	主营业务收入年增长率
	上市年龄	Age	公司上市年限
	年份虚拟变量	$Year_1$	年度为2008年,取值为1,否则,取值为0.
		$Year_2$	年度为2009年,取值为1,否则,取值为0.
	行业虚拟变量	Indus	制造业,取值为1,否则,取值为0.

根据以上的理论分析及指标度量，本章设定了以下三个模型。模型一（式6.1）是为检验H7，模型二（式6.2）用来检验H8，H9的检验使用最后一个模型（式6.3）。所有模型采用时间的固定效应模型。

$$P=\beta_0+u_i+\beta_1 Loan+\beta_2 State+\beta_3 Loan\times State+\beta_4 Control+\sum Indst+\sum Year+\varepsilon \quad \text{式 6.1}$$

$$P=\beta_0+u_i+\beta_1 Loan+\beta_2 ICG+\beta_3 Loan\times ICG+\beta_4 Control+\sum Indst+\sum Year+\varepsilon \quad \text{式 6.2}$$

$$P=\beta_0+u_i+\beta_1 Loan+\beta_2 Law+\beta_3 Loan\times Law+\beta_4 Control+\sum Indst+\sum Year+\varepsilon \quad \text{式 6.3}$$

上述三个模型中，被解释变量为企业绩效（P），用 ROA 和 ROE 来衡量；解释变量为总的银行借款率；State 表示政府控制；ICG 表示内部治理，用股权集中度（Top₁）、董事会规模（Board）、外部独立董事比例、经理层持股比例和前三大高管薪酬的自然对数作为内部治理的替代变量；法律制度环境（Law）以樊纲等著的《中国市场化指数：各地区市场化相对进程 2009 年报告》中的法律制度环境指数为准，由于该报告中只提供了截止到 2007 年的指数，本书对此进行了相应的处理，处理方法与第 4 章相同。Control 表示影响公司绩效的相关控制变量，这些控制变量包括公司规模、公司成长性、公司上市年限。uᵢ 为固定效应模型中的个体效应。

同时，也设定时间控制效应（即年度虚拟变量）和行业控制效应（行业虚拟变量）。

本章的三个模型中都设定了政府控制、法律制度环境和内部治理与总的银行借款率交互项，用来检验对公司绩效影响的交互效应，交互项系数为正，说明在对公司绩效的影响方面，与银行债权人监督存在互补关系；如果交互项系数为负，说明与银行债权人监督具有替代关系。

6.2.3 描述性统计

本章首先对所选样本及其相关变量进行了描述性统计，根据统计结果列示在表 6-2 中。从表中可以看出，ROA 的均值是 5.61%，最大值为 70.72%，最小值为 -1.1863；ROE 的均值为 10.57%，最大值为 37.58%，最小值为 -0.3.13%，从这两个指标的统计结果可以看出我国上市公司绩效差异较大；第一大股东持股比例的均值为 36.1233%，最大值为 86.42%，最小值为 3.69%，说明我国上市公司从总体上看股权集中度较高；经理层持股比例的均值只有 3.13%，最大值为 75%，最小值为 0，表明我国上市公司实施股权激励的差异较大，大部分公司实施比例较低；从总的银行借款率的统计结果来看，均值为 21.79%，最大值超过 100%，表明银行借款仍然是我国上市公司债务资金的主要来源。其他指标的统计结果见表 6-2，不一一赘述。

为说明各变量之间的相关关系和相关度，本章也对所选用的变量进行了皮尔森相关系数检验，检验结果见表 6-3。从相关系数检验结果来看，所有变量的相关系数绝对值都很低，远低于该检验方法设定的标准界限值 0.7，即：若相关系数大于 0.7，表示存在严重的自相关，系数值越小，说明变量间的自相关度越低。此处皮尔森相关系数最大值只有 0.570，并且基本都比较显著，因此，方程中的变量之间不存在多重共线性的问题。

表6-2 描述性统计结果

变量名	样本	最小值	最大值	均值
ROA	2 715	−1.1863	0.7072	0.0561
Loan	2 715	0.0000	1.1485	0.2179
Top_1	2 715	3.69	86.42	36.1233
ROE	2 715	−.0313	.3758	0.1057
Board	2 715	4	18	9.16
Outdir	2 715	0.1250	0.7143	0.3637
Mshare	2 715	0.0000	0.7500	0.0313
Lnpay	2 715	10.3609	21.2636	13.7411
Lnsize	2 715	18.07	28.1356	21.79
State	2 715	0.0000	1.0000	0.3690
Age	2 715	3	21	11.42
Law	2 715	7.1315	8.9876	8.0389
Growth	2 715	−0.9843	1924.53	1.6419

表6-3 皮尔森相关系数检验

	Loan	Top_1	Board	Outdir	Mshare	Lnpay	Lnsize	Age	Growth	Law	ROA	ROE
Loan	1											
Top_1	−.011*	1										
Board	.106**	.011	1									
Outdir	−.029	.056**	−.277**	1								
Mshare	−.102**	−.093**	−.108**	.023	1							
Lnpay	−.008	.048*	.149**	.005	−.048*	1						
Lnsize	.283**	.278**	.332**	.033	−.231**	.333**	1					
Age	.070**	−.106**	−.060**	−.010	−.428**	.022	.094**	1				
Growth	.002	.054**	−.068**	.050**	−.009	−.020	−.017	.023	1			
Law	.028	.029	.012	−.038*	.024	−.162**	−.113**	.000	.035	1		
ROA	−.330**	.150**	.047*	−.027	.110**	.198**	.066**	−.138**	.062**	−.064**	1	
ROE	−.101**	.105**	.021	.011	.029	.101**	.094**	−.031	.153**	−.034	.570**	1

注：** 在 0.01 水平（双侧）上显著相关；* 在 0.05 水平（双侧）上显著相关.

6.3 实证检验结果

6.3.1 回归结果

1)政府控制及债权人监督对公司绩效的治理效应

表6-4 政府控制及债权人监督对公司绩效的治理效应

变量名	模型33			模型34		
	系数	T值	P值	系数	T值	P值
Loan	−0.15972	−18.96	<.0001	−0.1575	−14.66	<.0001
Lnsize	−0.00521	−2.55	0.0107	−0.0052	−2.55	0.0108
Growth	0.0221	8.84	<.0001	0.0235	9.27	<.0001
Age	−0.0017	−5.74	<.0001	−0.0015	−5.32	<.0001
State				−0.0101	−2.20	0.0278
Loan×State				−0.0034	−0.21	0.8320
Indus	控制			控制		
Year	控制			控制		
F	20.04			18.067		
R^2	0.1782			0.4990		
p	0.1094			<.0001		

从表6-4中的两个模型的比较来看，国有与非国有公司中银行借款率与公司绩效均呈显著负相关关系，表明银行监督不仅没有增加公司绩效，反而使公司绩效随借款的增加而减少。政府控制也对公司绩效产生着负面效应，可能是我国存在严重的政府控制及银行信贷软约束导致公司绩效下降。模型33中State与Loan的交互项系数显著为负，说明政府控制与银行借款对公司绩效的影响呈替代关系，H7基本得到验证。两个模型的F值都较大，拟合优度也较好。

2)法律制度环境及债权人监督公司绩效的治理效应

完善的法律制度环境有利于约束经理人的自利行为，有利于公司提升绩效。从模型35中的数据看，法律制度环境与公司绩效的关系不显著，法律制度环境对我国公司绩效没有促进效应。这一结果说明，我国法律制度环境还不够完善，存在市场失灵、制度执行力弱等方面的问题。Law与Loan的交互项系数显著为正，二者在影响公司绩效方面具有互补效应，表明法律制度环境能改善银行债权人的监督能力，具有增加公司绩效的作用，尽管目前我国法律制度环境尚有待进一步改善，但不可否认当债权人监督不能保障其利益时，法律制度环境的确起到了增加公司绩效以保障债权人利益的效应。控制变量中的公司规模和上市年限对公司绩效有促进作用，规模越大、上市年限越长，公司绩效越好，但公司成长性却与公司绩效呈显著负相关关系，对这一结果还需要进一步分析其原因。该模型拟合优度较好，F值较大，模型显著成立。模型检验结果与国内外的研究结论基本一致，本书的第八个假设（H8）得到了验证。见表6-5。

表6-5　　　　　　　法律制度环境及债权人监督对公司绩效的治理效应

变量名	模型35		
	系数	T值	P值
Loan	0.0277	1.09	0.1006
Law	0.0027	0.08	0.1862
Loan×Law	0.0257	1.10	0.0007
Lnsize	0.0120	1.88	<.0001
Growth	−0.0080	−6.71	<.0001
Age	0.0011	3.14	<.0001
Indus	控制		
Year	控制		
F	68.30		
R^2	0.2391		
P	<.0001		

注：（1）样本观测值为2 715；（2）模型均修正了异方差、序列相关和截面相关问题。

3）内部治理及债权人监督对公司绩效的治理效应

前两章实证分析已经得出内部治理对经理人代理成本和控股股东代理成本具有一定的治理效应，在对银行债权人监督代理成本方面，有些内部治理因素有促进作用，有些则产生相反的作用，表明我国上市公司内部治理各机制之间缺乏协调性。本章进一步分析内部治理在公司绩效方面的治理效应。

表6-6（a）和表6-6（b）中的模型36～模型40体现的是内部治理单因素与银行监督对公司绩效的治理效应，模型41显示本书选定的内部治理因素整体的治理效应；第一大股东持股比例、董事会规模对公司绩效没有贡献；外部独立董

事比例对公司绩效起反作用；在公司绩效的治理方面，这三个因素与银行监督之间没有交互效应，交互项系数均不显著为负；公司成长性对公司绩效有正的贡献，对公司绩效有提升效应；公司规模、上市年限则起了反作用，规模越大、上市年限越长，公司绩效越差。

表6-6（a）　　　　　　内部治理及债权人监督对公司绩效的治理效应

变量名	模型36			模型37			模型38		
	系数	T值	P值	系数	T值	P值	系数	T值	P值
Loan	−0.1375	−6.71	<.0001	−0.1370	−3.57	0.0004	−0.2151	−3.78	0.0002
Top_1	−0.0001	−0.80	0.4254						
Loan×Top_1	−0.0006	−1.18	0.2379						
Board				−0.0008	−0.71	0.4789			
Loan×Board				−0.0023	−0.58	0.5605			
Outdir							−0.0796	−2.00	0.0461
Loan×Outdir							0.1504	0.97	0.3318
Lnsize	−0.0080	−3.24	0.0012	−0.0056	−2.73	0.0064	−0.0049	−2.38	0.0174
Growth	0.0278	7.46	<.0001	0.0238	8.91	<.0001	0.0218	8.66	<.0001
Age	−0.00164	−5.71	<.0001	−0.0017	−5.83	<.0001	−0.0017	−5.76	<.0001
Indus	控制			控制			控制		
Year	控制			控制			控制		
F	18.09			16.73			12.19		
R^2	0.4903			0.4969			0.4971		
P	<.0001			<.0001			<.0001		

从表6-6（b）的回归结果看，在高管薪酬模型和高管持股模型中，银行监督对公司绩效有显著的治理效应，高管薪酬与经理人持股两个治理因素与公司绩效则呈显著的正相关关系，表明激励机制对上市公司绩效具有积极作用；从与银行监督的交互项来看，高管薪酬、高管持股两个因素与银行监督交互项系数均显著为负，也就是说在影响公司绩效方面，这两个因素与银行监督具有一定的替代关系。从模型41的内部治理总体模型回归来看，第一大股东持股比例、董事会规模、外部独立董事比例三个内部治理因素与银行监督不存在交互效应，而内部激励机制的两个代表因素（高管薪酬和高管持股）与银行监督的交互项系数则显著为负，说明在对公司绩效的治理方面，这两个因素与银行监督具有替代效应。

表6-6（b） 内部治理及债权人监督对公司绩效的治理效应

变量名	模型39			模型40			模型41		
	系数	T值	P值	系数	T值	P值	系数	T值	P值
Loan	0.4297	2.98	0.0029	0.1535	−17.86	<.0001	0.3216	2.05	0.0403
Top_1							0.0059	4.84	<.0001
Loan×Top_1							−0.0008	−1.48	0.1381
Board							0.0212	4.26	<.0001
Loan×Board							0.0013	0.31	0.7600
Outdir							−0.0634	−1.49	0.1367
Loan×Outdir							0.1725	1.08	0.2785
Lnpay	0.0176	5.94	<.0001				0.0904	5.66	<.0001
Loan×Lnpay	−0.0429	−4.08	<.0001				−0.0383	−3.59	0.0003
Mshare				0.0959	4.97	<.0001	0.1544	6.62	<.0001
Loan×Mshare				−0.2442	−2.77	0.0057	−0.2551	−2.90	0.0038
Lnsize	−0.0026	−1.24	0.2162	−0.0046	−2.27	0.0231	0.0920	4.59	<.0001
Growth	0.0159	5.47	<.0001	0.0226	9.00	<.0001	−0.1905	−4.31	<.0001
Age	−0.0017	−6.07	<.0001	−0.0011	−3.50	0.0005	−0.0011	−3.35	0.0008
Indus	控制			控制			控制		
Year	控制			控制			控制		
F R^2 P	24.15 0.5027 <.0001			20.73 0.5010 <.0001			16.05 0.2057 0.1021		

从单一因素的回归和总体回归的差异上可以初步判断，我国上市公司内部治理各机制间存在严重的不协调性，机制间缺乏相互辅助，同时，内部治理机制与外部治理机制也存在严重的不协调，因此，导致银行监督的治理效应没有得到充分发挥。

根据上述实证结果，本书的第九个假设（H9）没有得到充分验证除了上述原因之外，可能还有更深层次的原因，尚需做进一步的研究。

6.3.2 稳健性检验

为检验本章实证结果的可靠性与稳健性，将公司绩效的替代变量由 ROA 替换为 ROE，将控制变量中资产规模的自然对数替换为资产规模，对上述三个方程进行稳健性检验。

1）政府控制及债权人监督对公司绩效治理效应的稳健性检验

从表 6-7 的实证结果看，国有公司与非国有公司中，银行监督与公司绩效都表现为显著的负相关关系，国有控股使公司绩效更低，政府控制与银行监督没有显著的交互关系，即二者没有交互效应。因此，从稳健性检验结果来看，与 ROA 的检验结果基本一致，再次证明了方程的稳定性。

表6-7   政府控制及债权人监督对公司绩效治理效应的稳健性检验

变量名	模型 42			模型 43		
	系数	T值	P值	系数	T值	P值
Loan	−0.2452	−15.47	<.0001	−0.1859	−5.51	<.0001
Lnsize	−0.0046	−3.27	0.0113	−0.0278	7.295	0.0108
Growth	0.0322	6.35	<.0001	0.0007	8.448	<.0001
Age	−0.0018	−4.98	<.0001	−0.0018	−1.724	0.0084
State				−0.0049	−1.327	0.0744
Loan ×State				−0.0447	−0.816	0.4143
Indus	控制			控制		
Year	控制			控制		
F	18.6801			24.9049		
R²	0.2763			0.0522		
P	0.0989			<.0001		

2）法律制度环境及债权人监督对公司绩效治理效应的稳健性检验

表 6-8 的实证结果充分证明了法律环境有利于公司绩效，有利于债权人利益保障，ROA 的检验结果呈不显著正相关，而在 Law 与 ROE 的检验中则表现为在

10%的水平上显著正相关，这进一步证明了法律环境作为治理的外部机制的有效性；Loan 与 Law 的交互项系数为正，且在 5%的水平上显著，进一步检验了法律环境与银行监督的互补关系。

表6-8 　　　法律制度环境及债权人监督对公司绩效治理效应的稳健性检验

变量名	模型44		
	系数	T值	P值
Loan	0.3298	1.2682	0.0948
Law	0.0091	1.0624	0.0928
Loan×Law	0.0663	−2.0650	0.0390
Lnsize	0.0262	6.8670	<.0001
Growth	0.0007	8.5461	<.0001
Age	−0.0018	−1.8175	0.0692
Indus	控制		
Year	控制		
F	25.2092		
R^2	0.5290		
P	<.0001		

3）公司内部治理对债权人监督公司绩效的影响

为了检验内部治理模型的稳健性，将反映股权集中度的变量第一大股东持股比例替换为第一到第十大股东持股比例的平方和，将前三大高管薪酬总额的自然对数替换为前三大高管薪酬的均值。检验结果见表6-9。

第一大股东持股比例对公司绩效有显著的正效应，与银行监督的交互项系数显著为负，表明二者呈替代关系；银行监督对公司绩效没有治理效应；董事会规模对公司绩效没有治理作用，与银行监督呈互补关系；外部独立董事对公司绩效没有治理效应，与银行监督呈替代关系；高管持股有利于增加公司绩效，说明激励机制能起到促进经理人努力工作的作用，这与委托代理理论的基本观点一致；高管薪酬与公司绩效无关，在影响公司绩效方面，与银行监督也没有交互关系。

表6-9　　　内部治理及债权人监督对公司绩效治理效应的稳健性检验

变量名	模型45		
	系数	T值	P值
Loan	−1.5284	1.09	0.1006
Top_1	0.0015	−2.9204	0.0035
$Loan \times Top_1$	−0.0016	3.0625	0.0022
Board	−0.4871	−0.3784	0.7051
Loan×Board	0.0062	−3.3706	0.0008
Outdir	0.1302	0.6698	0.5030
Loan×Outdir	−0.0022	1.8817	0.0600
Mpay	0.0034	−1.2091	0.2267
Loan×Mpay	2.2330	0.2198	0.8261
Mshare	0.0425	4.0367	0.0001
Loan×Mshare	−0.1138	1.2124	0.2255
Lnsize	0.0214	−0.3661	0.7143
Growth	0.0007	4.8459	<.0001
Age	−0.0002	8.3659	<.0001
Indus	控制		
Year	控制		
F	13.4063		
R^2	0.6491		
P	<.0001		

6.4　研究结论

从本章的理论和文献的梳理及实证分析可以得出如下结果：无论是国有公司还是非国有公司，银行借款率与企业绩效都表现出显著负相关，表明债权人监督对公司绩效存在一定的逻辑关系，但债权人治理无效，这一结论与吕景峰（1998）、杨兴全（2002）、于东智（2003）、王满四（2005）、林朝南等（2007）

等的研究结论基本一致；在法律环境模型中，银行借款率与公司绩效基本在10%的水平上显著正相关，这一结论与理论和国内外的大部分研究结果一致，即法律环境有助于加强债权人的保护，有助于激励债权人积极主动参与治理；在内部治理模型中，高管激励机制有助于债权人监督作用的发挥，在高管薪酬和高管持股两个模型中，银行借款率与公司绩效具有显著正相关关系，而在股权集中度与制衡度模型中以及在董事会规模及独立性模型中，债权人治理对公司绩效则都表现为无效或治理效率不显著，这说明大股东对公司控制权以及对董事会的掌控等抑制了债权人治理作用的发挥。

根据上述研究结果，本书认为充分发挥银行债权人的监督作用应从以下几点入手：

第一，银行债权人应更积极主动地行使其治理主体的权力。从目前我国银行债权人现状来看，银行对投资者身份的关注度要高于对治理主体身份的关注度，没有积极主动地发挥其治理主体的权力，仍处于一种间接被动的参与状态。

第二，厘清国有银行及政府控股的国有公司之间的产权关系。虽然我国政府控制问题近几年得到了较大改善，但政府控制仍然是抑制债权人监督作用发挥的重要因素之一，银行尚没有成为真正的独立市场主体，政府仍在一定程度上控制着国有商业银行的经营决策，阻滞了银行债权人治理作用的发挥。

第三，完善上市公司治理结构、提升上市公司自身的治理水平从而促进债权人治理效率的提高。从本书的研究结果可以看到，内部治理各个因素对银行债权人监督效应的影响不同，有些对债权人治理起到强化作用，而有些则起到弱化效果。一般来说，董事会规模越大，独立性越强，对公司治理越有效，企业绩效越好，但本书的实证研究并没有得到这一结果，说明内部治理各机制间缺乏协调性，有待进一步完善。

7 债权人监督与ST公司债务治理效应

ST（Special Treatment）是指当公司状况异常时对上市公司实行的特殊处理。我国于1998年3月颁布了《关于上市公司状况异常期间的股票特别处理方式的通知》，明确指出对出现"财务状况异常"①或"其他状况异常"②的上市公司要实施特别处理。公司被实施特别处理是公司陷入财务危机的一个标志，一般来说，债权人对陷入危机的公司会更加谨慎，对已有债权会增加监督力度。公司在被实施ST前，必定会在财务和非财务方面有反应，根据已有的研究，财务信息具有预测功能，一般学者认为至少有三年，也有学者认为更早些，也就是说，债权人可以根据公司输出的财务信息调整信用政策，降低风险，保障资本安全。因此，本章将ST公司作为特殊样本进一步考察银行监督是否具有治理效应。本章的逻辑框架是：首先分析我国ST制度的背景及ST公司的现状，对已有的关于ST公司的研究文献进行梳理，找到研究空缺，提出研究问题；其次，进行理论分析并提出研究假设；最后，实证分析和得出结论，将实证结果与非ST公司的实证结果进行对比，期望能够提出有价值的对策。

7.1 研究背景及问题的提出

ST制度是我国资本市场的特有制度，我国资本市场仍属于新兴市场，市场中的各个方面亟待改善，ST制度的实施就是为了保护投资者合法利益，维护和促进市场的稳定与发展，公司如果被实施特别处理，按规定在上市名称前冠以"ST"，使广大投资者警觉并谨慎投资。

---

① 财务状况异常包括：（1）最近一个会计年度审计结果显示上市公司股东权益低于其注册资本，即公司的每股净资产低于公司的股票面值；（2）最近两个会计年度审计结果均显示公司净利润为负值；（3）被出具了无法表示意见或者否定意见的审计报告；（4）最近一年上市公司股东权益扣除会计师、有关部门不予以确认部分之后低于公司注册资本；（5）最近一份经过审计的财务报告对上年度利润进行了调整，从而导致连续两个会计年度亏损。

② 其他状况异常包括：（1）由于自然灾害或者重大事故等原因，导致公司主要经营设施遭到损失，使得公司生产经营活动基本终止且在三个月以内不能恢复；（2）公司涉及带有赔偿责任的诉讼案件，并且已经收到中级以上人民法院或者境外法院送达的原告诉状，该诉讼的或有赔偿金额已经超过了公司最近年度报告中所列示的净资产；（3）公司主要银行账户被冻结，并且已经影响到了公司正常生产经营活动；（4）公司出现了其他异常情况，经过董事会研究并表决，认为公司有必要实施特别处理措施；（5）上市公司股票被暂停上市并限期整顿。

随着我国股票市场的不断发展，上市公司的数量在大幅增加，同时ST公司的数量也急剧增加，从1998年4月"辽物资"成为第一家被ST的公司以来，ST公司的数量迅猛增加，截止到2011年9月，全部上市公司中有510家公司先后被ST（详见表7-1），占累计上市公司总数的20%多，其中，因被注册会计师出具无法表示意见或否定意见的审计报告而被ST的公司有35家，因出现其他异常状况被实施特别处理的公司有27家，被证监会或交易所认定财务状况异常的公司有7家，因在法定期限内未依法披露定期报告而被ST的公司有6家，因在规定期限内未对存在的重大会计差错或虚假财务会计报告进行改正而被ST的只有1家，而因为亏损、净利润为负并且最近一个会计年度每股净资产低于股票面值被带上ST帽子的数量最多，竟达393家。另外，因最近一个会计年度股东权益低于注册资本，即每股净资产低于股票面值或被审计师认定股东权益为负值而被戴帽的公司数量有41家公司。2008—2010年新增ST公司中有52%为国有控股公司，另外有个别公司在被ST前三年中，控股性质发生了变动，由于ST公司是属于状况异常公司，投资者的利益受到严重威胁，ST公司成为了实务界和理论界关注和研究的焦点。表7-1列示了2000年至2011年9月5日A股市场上各年新增ST公司的统计数据（本部分数据资料来自Wind数据库）。

表7-1 　　　　　　　　　　　　**ST公司情况表**

年份	上市公司总数（家）	ST公司数（家）	所占比例（%）
2000	994	26	2.62
2001	1 073	24	2.24
2002	1 141	48	4.20
2003	1 209	57	4.72
2004	1 308	41	3.13
2005	1 322	34	2.57
2006	1 388	63	4.54
2007	1 514	61	4.03
2008	1 591	25	1.57
2009	1 691	29	1.72
2010	2 039	39	1.91
2011	2 195	16	0.73
合计	2 195	463	21.09

7.2 研究现状及问题的提出

因为ST制度是我国特有的股票市场制度，因此，围绕这方面进行研究的学者主要集中在国内，已有的研究内容主要集中在ST制度、ST成因、ST公司摘帽、ST公司生命轨迹、ST公司特征、ST公司财务困境预警等方面，这些方面的研究取得了相当丰富的成果，但是对于ST公司债权人监督的研究尚属于空白，本章在梳理了前人研究的基础上，借鉴前人的研究成果和研究方法，针对ST公司债权人监督展开研究，期望能够提供一定的理论与实践借鉴。

7.2.1 研究现状

根据收集文献的内容来看，对于被实施特别处理公司的研究大都集中在制度、成因、摘帽、生命轨迹、特征、财务困境预警及脱困等方面。其中ST成因和财务困境预警占很大比例。

1)财务困境及其预测的研究

公司被ST是公司全面陷入财务困境的一个标志。陈静（1999）运用比弗和奥曼的模型，选取ST公司和非ST公司各27家配对样本，分别运用立面分析、一元判定法和多元回归法，研究认为总资产收益率、资产周转率、资产负债率等财务指标能够准确预测财务困境，降低误判率；吴世农、卢贤义（2001）也采用配对样本方式，选取ST公司和非ST公司各70家样本公司，并将预测的时间提前到公司被ST的前五年，研究采用收益率财务指标和现金流信息指标，运用Fisher法、多元非线性回归和Logistic回归法进行预测，研究认为净资产报酬率的判别能力最强，三种模型的判别率在公司被ST前四年都能达到70%以上；耿贵彬（2007）也采用配对方式构建了上市公司中长期财务危机模型，研究结果显示，公司财务状况在陷入财务危机前三年或更早时并未发生普遍的恶化，公司在发展的过程中逐渐衰弱并陷入财务危机。姜秀华、任强、孙铮（2002）运用Logistic回归法，在模型中不仅考虑财务信息，还引入公司治理变量——股权集中度，发现股权集中度变量的引入提高了财务困境预测的准确性。袁卫秋（2006）构建了财务困境预测时运用16个财务信息和三类公司治理变量（共计10个指标），采用配对样本的方式进行实证分析的模式，研究指出财务困境预测建模不仅应考虑会计信息，还应考虑公司治理变量等。吴春雷、马林梅（2007）研究认为，上市公司资本结构与财务危机的发生存在一定的相关性，资产负债率越大，被ST的可能性越大；研究还认为，公司资本结构应该保持在50%左右为宜。

2)ST公司摘帽和出路的研究

公司被ST后面临的首要问题是如何摘掉ST帽子,如何提升公司的发展预期,这不仅是实务界关注的,也同样备受学术界关注。我国学者对此做了大量研究,研究结果大都认为,ST公司摘帽或出路在于实施资产重组(秦锋,2000)、债务重组(李秉祥,2003)、购并、业务转型(杨薇、王伶,2002)、扩大投资等。吕长江、赵宇恒(2007)研究发现重组对ST公司具有很大影响,重组具有即时效应,但并不能改善和提高未来年度公司绩效;张功富、宋献中(2007)以2003—2005年被ST的79家公司为对象,对企业的资本投资行为进行了理论分析和实证检验,研究认为公司被ST后,信息不对称和代理问题更严重,公司面临更多的融资约束,而ST公司扩大投资规模更有利于摆脱困境。

3)关于ST公司的公司治理研究

沈艺峰、张俊生(2002)采用配对样本的方式进行实证分析,研究结果显示公司被ST的主要原因有,董事会规模大、董事持股比例低、董事会会议频率高和总经理在ST后被解雇的比例低。刘晶(2003)的分析得出结论:ST公司高管更换与公司绩效正相关,与国有股比重、审计意见类型及公司上市年限负相关。李秀凤、井润田(2005)通过"ST小鸭"的高管更替情况及其造成的后果研究认为,高管激励是ST公司治理中的一个重要问题。沈亚军(2006)认为,我国ST公司治理缺陷存在的主要原因在于关联交易过多,公司业绩持续恶化,资产掏空现象严重,缺乏董事问责机制等。

4)关于ST公司的成因研究

黄运潮(1998)分析研究了上市公司被ST的原因,主要有公司财务状况异常、其他状况异常、公司主动申请等,但最根本的原因在于改制不彻底、公司管理混乱和证券市场发育不全。石巧荣(2000)认为,ST阵容扩大的根本原因在于股票市场定位、股票发行和上市公司自身存在缺陷等,缺少退市制度。秦锋(2000)指出,公司被ST的原因在于公司经营环境较差、产业结构不合理、重大投资决策失误或无效投资,财务状况恶化等。纪寿乐(2002)认为公司被ST的原因不仅有表层原因,更主要在于内在原因,公司被ST的内在原因在于公司治理体制不健全、管理混乱、盲目投资和投资低效率、上市前高估价值等,如治理结构不合理,管理层过度投资或投资不当,管理者懈怠、蓄意侵害投资人利益等。赵琳(2004)认为大股东占用资金和担保是导致ST公司资本结构异常的主要原因。宫兴国、吴宏媛、陈海妹(2004)从经营、财务状况以及公司内部治理等方面分析了公司被ST的原因,指出公司脱困的出路在于公司应及时转型和实施实质性重组。

5）关于ST公司的其他研究

赵国忠（2008）在对2004—2006年的ST公司及配对的非ST公司的财务状况的比较研究中发现，ST公司流动资产均值大于非ST公司，其中预付账款、应收账款、长（短）期借款、流动负债、应付票据均大于非ST公司；未分配利润和盈余公积显著低于非ST公司。

孟焰等（2007）研究发现，监管制度化降低了监管不完备对市场造成的干扰，因此制度化不仅对公司和监管者这样的特定信息使用人产生了有效的约束，对更广泛的信息使用人同样具有一定的积极意义。

颜秀春（2008）认为我国ST制度在特别处理的度量标准、公司评价指标体系等方面存在诸多不合理。

7.2.2 问题的提出及研究思路

大量实证研究结果表明，公司在被实施特别处理的前三年，公司的诸多信息，比如公司治理结构、内控制度、企业业绩、管理效率等指标，就已经存在异常，特别是在被ST前一年，反映公司财务状况的指标大都表现出恶化的特征，上述各种信息已经表明公司处于非良性状态，同时还会伴随产品市场与行业竞争方面的弱势困境、现金流严重不足、高管更替频繁、公司经营目标扭曲等导致的现金流超常规变动，产品市场占有率下降，会导致公司劳动生产率和经济增加值的大幅下跌。

公司被实施特别处理确实是因公司已经陷入财务危机，危机不是瞬时后果，而是具有一定的持续性，也就是说，公司被实施ST之前，其财务及非财务方面都已经有所表现，债权人是可以根据相关信息做出预测的，并可采取应对措施，相应调整信用决策。

我国关于公司是否被实施特别处理的预测研究非常丰富，大部分研究结论表明，公司的财务状况（盈利能力、营运能力、发展能力、偿债能力、现金流能力、公司规模及成长性等）和治理状况（股东持股比例、董事会规模、独立董事比例、激励机制、所有权性质等）能够很好地反映出公司是否可能被实施特别处理的信息。但是，已有的研究大都没有进一步深入探讨投资人对预测到的公司财务状况及治理状况的反应，只对公司被实施ST前后的市场反应（股价、交易状况等）进行了研究，而对于投资人的反应研究则是凤毛麟角。本书选择对这方面进行研究，期望能够对研究空缺做出一些填补。

从资金来源看，无非有两种，一个是股权，另一个是债权。即使是同一资金来源，由于出资人的投资性质和方式不同，享有的利益及法律权利不同，对观测到的财务状况和治理状况反应不同，采取的监督与管理措施也不相同。为了能够充分说明出资人对信息的反应及监督，这里以股权出资人对信息的反应作为比较对象。银行债权出资人是通过债务契约，主要以贷款的形式对公司进行投资，其目的是为了获取固定性收益（利息），扩张信贷规模，扩大信贷市场份额和银行的规模，增加行业竞争能力，银行出资人在对外发放信贷时还关注资本的安全性。理论上讲，当债务公司的财务状况和治理状况出现异常时，银行债权人必然会做出终止贷款或减少贷款、增加信贷约束、增加对债务人及其管理者的监督等反应；股权出资人的目的是为了获取公司剩余收益和公司控制权。由于其代理人（管理者）的自利本能，股权出资人与管理者之间必然存在代理冲突，使得股权出资人分享剩余收益和控制权具有一定的不确定性，特别是当公司陷入财务危机状况和治理状况异常时，股权出资人分享剩余收益和控制权的预期受到极大的削弱，必然为维护自身利益做出相应的反应，比如监督和控制管理者行为、减少资金投入以控制管理者现金流权、更换高管等。

本章的研究思路是，根据前人的研究，在以下三个假定基础上进行本章的实证研究：一是假定债权出资人能观测到ST公司的财务状况及治理状况；二是假定ST公司的报告信息是完备的，不存在信息不对称问题；三是假定银行债权人无论其规模大小都具有相同的治理动机和激励。在这三个假定的基础上，本书通过对ST公司银行借款率的变动进行剖面比较，描述2008—2010年间新增的ST公司前三年的银行借款率的变动，以此来说明银行债权人在债务人被实施特别处理前三年是否有反应，如果有反应，进一步实证分析银行债权人对ST公司代理成本及公司绩效的治理作用。最后，根据实证分析结果推出结论，提出对策和建议。

7.3 理论分析与研究假设

已有的研究通过各种模型及研究方法对公司财务困境进行了判定，大部分学者认为公司在陷入财务困境前，财务指标具有预先判定作用。Fitzpatrick（1932）运用单变量破产预测研究，发现最具判断力的公司财务状况指标是净利润与股东权益和股东权益与负债两个指标。Beaver（1966）也运用单变量判定模型，以现金流负债率、流动比率、净资产收入率、资产负债率、营运资本与资产之比等五个财务指标作为变量，通过实证分析，发现现金流量与负债总额的比率能够更好地判定公司的财务状况，其次是资产负债率。Altma（1968，1977）运用多变量模型计算Z值，得出公司进入困境前一年Z值具有很强的预警作用。Marti（1977）、Ohlson（1980）、陈晓和陈治鸿（2000）、姜秀华和任强（2002）、肖艳（2004）通过回归分析方法证明了运用回归模型，财务指标具有财务困境预警作用；Odom 和 Shard（1990）、Coats 和 Fant（1991）、杨保安（2001）、薛锋

（2003）等运用神经网络，吕长江、周现华（2005）运用多变量判定模型、神经网络模型以及逻辑回归模型等进行研究，发现不论运用哪种模型，在公司发生困境前，都具有预测前三年公司财务困境的作用，但准确率略有不同，神经网络模型优于逻辑回归模型、逻辑回归模型优于多变量模型。赵国忠（2008）选取2004—2006年被ST的公司131家，运用样本配对法对其三大报表的主要项目进行了t值和均值比较，发现ST公司表现出以下特征：流动资产多，特别是应收及预付款项过多，货币资金逐渐减少；银行借款多，特别是短期借款较多；在现金流量表项目方面，随着被特别处理的时间临近，经营活动产生的现金流量净额、现金及现金等价物净增加额反而减少，而资产减值准备计提则增加；经营方面表现出营业收入低于非ST公司，而财务费用高于非ST公司。

本章提出的研究假设如下：

H10a：债权人在公司被ST前三年对经理人代理成本治理显著有效，也就是说债权人在公司被ST前三年有积极的反应。

H10b：政府控制、法律制度环境、内部治理对经理人代理成本均没有治理效应。

H10c：在影响经理人代理成本方面，银行监督与政府控制、内部治理基本为替代关系，与法律制度环境之间没有交互作用。

H11a：债权人监督公司控股股东代理成本的治理表现为无效。

H11b：越临近公司被ST，政府控制治理越无效；内部治理对控股股东代理成本治理无效，法律制度环境在公司被ST前三年对控股股东代理成本的抑制作用弱化。

H11c：在影响控股股东代理成本方面，银行监督与内部治理、政府控制与银行监督、法律制度环境均没有交互关系。

H12a：在影响公司绩效方面，债权人在公司被ST前三年对公司绩效没有治理效应。

H12b：在内部治理模型中，银行监督是具有弱治理效应的；内部治理在公司被ST前三年表现不明确，显示出内部治理混乱。在法律制度环境模型中，法律制度环境、银行监督在临近被ST时有积极的治理作用。

H12c：银行监督与政府控制、内部治理之间没有显著的交互效应，与法律制度环境之间有微弱的交互效应。

7.4　研究设计

7.4.1　样本选择

本章选择2008—2010年三个年度中新增的被ST的公司作为研究样本，为避免A股、B股、境外上市、创业板上市、中小板上市等公司之间的差异可能会对结果造成的影响，在此只选择发行A股被ST的上市公司作为研究样本，同时还剔除了金融类公司。考虑到数据的连续性、可比性，选取样本公司被ST前三年为研究时间窗口，同时在样本公司变量指标的选择方面，剔除财务指标不可比的因素，或者将指标调整为可比值，最后得到了273个观测样本。

本章所有样本公司的相关变量数据主要来自Wind数据库、CSMAR中国股票市场研究数据库、巨灵财经资讯数据库以及证券交易所信息公告，债权人法律制度环境指数来自于樊纲等著的《中国市场化指数：各地区市场化相对进程2009年报告》，由于该报告只报告了截止到2007年的法律制度环境指数，本章仍然沿用第4章的做法对指数进行趋势测算，推导出2008—2010年的法律制度环境指数。本章的统计分析基本采用Excel2003、Eviews等统计软件。

7.4.2　主要变量及其度量

本章所选变量与前文中的第4章、第5章、第6章一致，此处不再做具体说明。为了进一步分析债权人在公司被ST之前的三年是否有所反应，在描述性统计中着重分析了公司在被ST之前三年的资产规模均值变动、银行借款率均值变动、经理人代理成本均值变动、控股股东代理成本均值变动等情况。为了表述得更加清晰，本章将公司被ST前三年用t-3表示，被ST前两年用t-2表示，被ST前一年用t-1表示。

本章中仍选用第4章、第5章、第6章中所设计的模型，具体如下：

1）债权人监督对经理人代理成本的治理模型

$$Mc=\beta_0+u_i+\beta_1 Loan+\beta_2 State+\beta_3 Loan\times State+\beta_4 Control+\sum Indst+\varepsilon \quad\text{……………… 式7.1}$$

$$Mc=\beta_0+u_i+\beta_1 Loan+\beta_2 ICG+\beta_3 Loan\times ICG+\beta_4 Control+\sum Inds+\varepsilon \quad\text{……………… 式7.2}$$

$$Mc=\beta_0+u_i+\beta_1 Loan+\beta_2 Law+\beta_3 Loan\times Law+\beta_4 Control+\sum Indst+\varepsilon \quad\text{……………… 式7.3}$$

2）债权人监督对控股股东代理成本的治理模型

$$SC=\beta_0+u_i+\beta_1 Loan+\beta_2 state+\beta_3 Loan\times State+\beta_4 Control+\sum Indst+\varepsilon \quad\text{……………… 式7.4}$$

$$SC=\beta_0+u_i+\beta_1 Loan+\beta_2 ICG+\beta_3 Loan\times ICG+\beta_4 Control+\sum Indst+\varepsilon \quad\text{……………… 式7.5}$$

$$SC=\beta_0+u_i+\beta_1 Loan+\beta_2 Law+\beta_3 Loan\times Law+\beta_4 Control+\sum Indst+\varepsilon \quad\text{……………… 式7.6}$$

3）债权人监督对公司绩效的治理模型

$$P=\beta_0 +u_i+\beta_1 Loan+\beta_2 State+\beta_3 Loan\times State+\beta_4 Control+ \sum Indst +\varepsilon \cdots\cdots 式7.7$$

$$P=\beta_0 +u_i+\beta_1 Loan+\beta_2 ICG +\beta_3 Loan\times ICG+\beta_4 Control+ \sum Indst +\varepsilon \cdots\cdots 式7.8$$

$$P=\beta_0 +u_i+\beta_1 Loan+\beta_2 Law+\beta_3 Loan\times Law+\beta_4 Control+ \sum Indst+ \varepsilon \cdots\cdots 式7.9$$

7.4.3 描述性统计

ST公司主要变量均值描述性统计结果见表7-2。从表中数据来看，管理费用率在被ST前三年中呈逐年上升趋势，同样呈上升趋势的变量还有资产负债率、银行借款率、控股股东代理成本；而在被ST前三年中呈逐年下降趋势明显的变量有：第一大股东持股比例、第二到第十大股东持股比例、董事会规模、公司成长性、公司业绩；资产周转率均值变化趋势不稳定；经理人薪酬在被ST前一年迅速下降。

表7-2　　　　　　　　　ST公司前三年主要变量均值的描述性统计

变量	样本	$t-3$	$t-2$	$t-1$
Mc_1	91	0.07532	0.1298	0.3361
Zcfzl	91	0.5319	0.5961	0.7127
Top_1	91	33.6827	31.5210	30.5090
Board	91	9.34	9.31	9.00
Outdir	91	0.3562	0.3577	0.3620
Lnpay	91	0.0078	0.0078	0.0028
Lnsize	91	21.1764	21.1796	21.0581
Age	91	13.16	13.16	13.16
Growth	91	0.40318	−0.0766	−0.1115
Mc_2	91	0.6709	0.6315	0.6079
Top_{2-10}	91	20.0486	17.583	15.1921
Sc	91	0.0413	0.0499	0.0468
ROA	91	0.0223	−0.0710	−0.1523
ROE	91	0.0430179	−0.1850	−0.5426
Loan	91	0.2524	0.2712	0.2919

从以上变动来看，公司整体经营呈逐渐恶化状态，一般来说，当债务人经营出现持续性下降时，债权人会紧缩信贷或是增加更多的约束条款，数据资料的统计结果显示，债务及银行借款率呈上升趋势，这并不表示债权人对经营状况恶化反应不足，也可能是由于净权益绝对额减少，公司净资本的减少速度大于债权资本的减少速度，则使债务率相对上升；从股东持股比例下降来看，大股东迅速减少资本持有规模。从债权人和股东持有资本变动可以看出，债务人经营出现持续性下滑时，债权人和股东都有预期反应。为更直观描述主要变量均值变动，本书以图示方式进行了描述，如图7-1和图7-2所示。

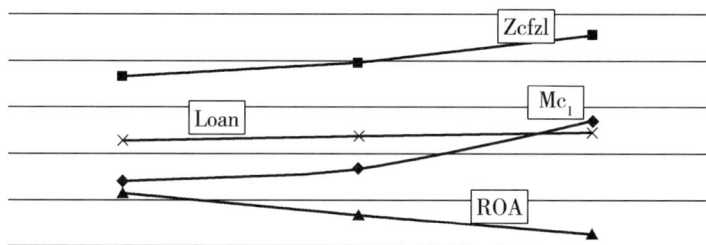

图7-1　ST公司前三年主要变量均值变动趋势

从图7-1中可以看出，管理费用率（Mc_1）呈明显的上升趋势，越接近被ST时，经理人代理成本越高，这就意味着管理者在公司呈现危机时榨取代理人利益的动机越强烈；而公司越接近被特别处理日，资产报酬率水平越低，三年内下降了近20个百分点；公司在被ST前资产负债率水平（Zcfzl）也比较高，均值在55%以上，到被ST前一年，资产负债率均值高达75%以上，而银行借款率虽然有所上升，但变动幅度远低于资产负债率的变动，说明其他非银行债权人的债权变动幅度大于银行债权的变动幅度。

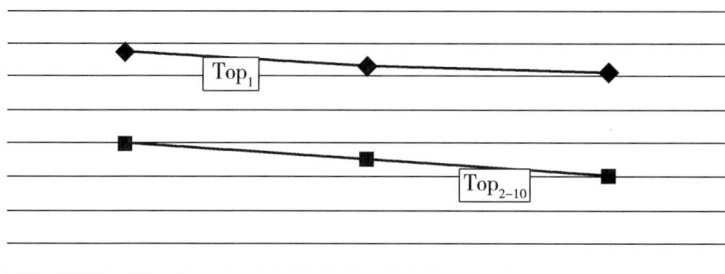

图7-2　ST公司前三年股权集中度与制衡度均值变动

从图7-2可以看到，公司被ST前三年股东持股比例均呈现下降趋势，对公司的治理动机下降，第一大股东持股比例和第二到第十大股东的持股比例均下降了5个百分点。说明前十大股东掌握着公司的第一手信息，对公司所处的困境的反应快于外部债权人，大股东通过减少持股比例以降低公司被ST后带来的利益损失。

7.5 实证检验结果

为说明各变量之间的相关关系和相关度，本章对所选用的变量进行了皮尔森相关系数检验，检验结果见表7-3。从相关系数检验结果来看，所有变量的相关系数绝对值都很低，远低于该检验方法设定的标准界限值0.7，因为即，若相关系数大于0.7表示存在严重的自相关，系数值越小，说明变量间的自相关度越低。本章中皮尔森相关系数最大值只有0.561，且基本都比较显著，因此方程中的变量之间不存在多重共线性的问题。

7.5.1 回归结果

本章对2008—2010年新增的ST公司前三年的数据分年度进行了回归，结果如下：

1）债权人监督对经理人代理成本的治理实证检验

（1）①政府控制及债权人监督对经理人代理成本的治理效应检验（见表7-4）

表7-3　　　　　　　　　　　　皮尔森相关系数检验

	Mc₁	Zcfzl	Top₁	Board	Outdir	Share	Lnsize	Age	Growth	Mc₂	Top₂₋₁₀	Sc	ROA	ROE	Loan
Mc₁	1														
Zcfzl	−.028	1													
Top₁	−.098	.206**	1												
Board	−.033	.300**	.106	1											
Outdir	−.018	.064	.000	−.149*	1										
Mshare	.008	−.246**	−.090	−.201**	.049	1									
Lnsize	−.046	.334**	.267**	.174**	.047	−.126*	1								
Age	−.004	.082	−.101	.002	.115	−.179**	.114	1							
Growth	−.085	−.003	−.017	−.020	−.049	−.003	.029	.119	1						
Mc₂	−.167**	.167**	.001	.124*	−.046	−.045	.144*	.154*	.060	1					
Top₂₋₁₀	−.016	−.143*	−.294**	.208**	.178**	.128*	−.096	−.003	.034	.096	1				
Sc	.053	.094	−.044	.049	.084	−.024	−.114	.008	−.009	−.226**	.069	1			
ROA	−.263**	−.316**	.065	.059	−.148*	.020	.156**	.031	.223**	.101	.034	−.178**	1		
ROE	−.075	−.272**	.042	.028	.060	.031	.121*	.017	.116	−.040	.119	−.004	.493**	1	
Loan	−.118	.561**	.253**	.176**	.044	−.183**	.281**	−.106	.024	−.087	−.223**	.076	−.147*	−.178**	1

表7-4　　政府控制及银行监督对ST公司前三年经理人代理成本的治理效应

变量名	t-1年			t-2年			t-3年		
	系数	T值	P值	系数	T值	P值	系数	T值	P值
Loan	−1.8805	−1.6903	0.0946	−0.2913	−2.6602	0.0100	−0.0413	−0.6003	0.5499
State	−0.8094	−1.4325	0.1556	−0.0602	−1.2421	0.2190	0.0009	0.0342	0.9728
State×Loan	1.6094	0.9623	0.3386	0.2119	1.2842	0.2040	−0.0047	−0.0494	0.9607
Lnsize	0.1099	0.7323	0.4659	−0.0176	−1.3894	0.1699	−0.0145	−2.0799	0.0406
Growth	−1.3116	−2.9052	0.0047	−0.1205	−3.0271	0.0036	−0.0032	−0.8934	0.3742
Age	−0.0157	−0.3870	0.6997	−0.0049	−1.4185	0.1612	0.0006	0.3292	0.7428
Indus	控　制			控　制			控　制		
F	2.5187			9.0492			13.358		
R²	0.1494			0.3490			0.2884		
p	0.0271			0.0002			0.2407		

从表7-4的回归结果看，在公司被ST前两年，银行债权人监督与经理人代理成本之间呈显著的负相关关系，表明银行对ST公司前两年的监督有治理作用，而在被ST滞后第三年，两者的系数不显著为负，说明在滞后第三年，银行对ST公司没有治理作用。从另一个角度来看，也可以认为是银行在公司被ST前两年的反应较为敏感，而在滞后第三年的反应较不足，或由于其他原因而没有产生反应结果。政府控制在公司被ST之前三年对经理人代理成本没有抑制作用，也可以说是政府控制对公司被ST前三年反应不足。从银行监督与政府控制的交互项来看，在被ST前两年，二者的交互项系数为正，滞后第三年交互项系数为负，但不显著，表明政府控制和银行监督没有交互效应。

回归结果验证了假设10a，即银行债权人在公司被ST前三年有积极的治理，即债权人是有反应的，假设10b关于政府控制扭曲了银行监督效应也得到了一定程度的验证，假设10c的银行监督与政府控制的交互作用呈现为互补关系没有得到验证，但进一步证明政府控制扭曲了银行对ST公司的监督效应。

（2）内部治理及银行监督对经理人代理成本的治理效应（见表7-5）

表7-5 　内部治理及银行监督对ST公司前三年经理人代理成本的治理效应

变量名	t-1年			t-2年			t-3年		
	系数	T值	P值	系数	T值	P值	系数	T值	P值
Loan	-42.151	-1.945	0.0556	-0.5532	-1.0287	0.0983	-2.5813	-2.9281	0.0045
Top₁	-0.0576	-2.0383	0.0450	-0.0011	-0.3844	0.7023	-0.0006	-0.5241	0.6018
Top₁×Loan	0.1396	1.9502	0.0549	0.0006	0.0806	0.9361	0.0012	0.3414	0.7337
Board	0.0672	0.3727	0.7104	0.0095	0.6880	0.4947	0.0049	0.5363	0.5933
Outdir	-2.6197	-0.5177	0.6062	-0.5558	-0.9647	0.3394	0.12826	0.3641	0.7168
Lnpay	-1.0432	-1.9547	0.0543	-0.0098	-0.2437	0.8084	-0.0593	-2.9075	0.0048
Mshare	1.6609	0.1671	0.8677	1.2769	1.8409	0.0717	0.3572	2.2054	0.0305
Board×Loan	-0.2031	-0.3319	0.7409	0.0521	-1.0814	0.2848	-0.0074	-0.2154	0.8301
Outdi×Loan	2.0229	0.1154	0.9084	2.8627	1.3774	0.1746	0.0101	0.0077	0.9939
Lnpay ×Loan	2.9421	1.7531	0.0837	0.0273	0.2127	0.8324	0.1981	3.1357	0.0024
Mshare×Loan	-5.6685	-0.1075	0.9147	-10.1731	-1.1563	0.2532	-2.2639	-0.4681	0.6410
Lnsize	0.1149	0.6152	0.5403	-0.0124	-0.9128	0.3658	-0.0143	-2.0959	0.0394
Growth	-1.3671	-2.6993	0.0086	-0.1222	-2.8164	0.0070	-0.0032	-0.9637	0.3382
Age	-0.0025	-0.0542	0.9569	-0.0033	-0.8594	0.3943	0.0009	0.4873	0.6274
Indus	控制			控制			控制		
F	15.031			2.84315			1.8278		
R²	0.2231			0.4482			0.2519		
p	0.0983			0.0035			0.0494		

从表7-5的回归结果来看，在公司被ST前三年，银行借款率与管理费用率呈显著负相关关系，说明在内部治理模型中，银行监督具有积极的治理效应，也就是说银行债权人在公司陷入危机前反应强烈。在t-1年，控股股东对经理人具有显著的治理动机，回归系数为-0.0576，在5%的水平上显著，而在t-2和t-3这两个年度中，控股股东对经理人的代理成本没有控制作用；在三年中，董事会规模与管理费用之间的相关系数不显著为正，说明董事会规模在公司被ST前三年对经理人代理成本没有治理效应；外部独立董事规模在公司被ST前的三年里都没有治理效应；管理层持股在公司被ST前的t-2年、t-3年不仅没有降低公司的经理人代理成本，反而起到了负面作用，高管薪酬则在t-1、t-3两年里具有积极的治理效应；第一大股东持股比例在公司被ST前一年治理效应显著，而在另外

两个年度里则不具有治理作用，也只在 t-1 年里，第一大股东持股比例与银行监督之间具有交互效应，表现为显著的互补关系；董事会规模、独立董事比例则在公司被 ST 前三年均不具有治理作用，与银行监督之间也没有交互效应；公司成长性与管理费用率均呈现显著负相关关系，与非 ST 公司相比，公司成长性具有截然不同的作用。

表 7-4 的回归结果验证了假设 10a、10c 中的关于内部治理各因素对经理人代理成本的治理效应不确定，银行监督之间的交互作用微弱的结论。

（3）法律制度环境及银行监督对经理人代理成本的治理效应

从表 7-6 的数据回归结果来看，在公司被 ST 前三年，银行监督对经理人代理成本没有起到约束作用；法律环境在 t-1 年具有显著的治理负效应，而在 t-2、t-3 年中则不具有抑制经理人代理成本的效应；法律环境与银行监督的交互作用在公司被 ST 的前三年里没有交互作用。

表 7-6 法律制度环境及银行监督对 ST 公司前三年经理人代理成本的治理效应

变量名	t-1 年			t-2 年			t-3 年		
	系数	T 值	P 值	系数	T 值	P 值	系数	T 值	P 值
Loan	14.872	1.60461	0.1122	1.0643	0.7134	0.4783	0.4706	0.6153	0.5400
Law	0.9735	2.0725	0.0412	0.0160	0.2529	0.8021	0.0097	0.2618	0.7946
Law ×Loan	-0.1838	-0.8362	0.4064	-0.1317	-0.5053	0.2529	-0.0859	-0.6713	0.5036
Lnsize	-0.018	-1.5118	0.3450	0.1358	-0.8362	0.4064	-0.0156	-2.2943	0.0243
Growth	0.9495	2.3450	0.0018	-0.1317	-3.197	0.0022	-0.0035	-0.091	0.8686
Age	-0.113	-0.2827	0.7781	-0.0053	-1.4952	0.1401	0.0002	0.1222	0.9030
Indus	控制			控制			控制		
F	2.91290.			5.2811			1.5601		
R²	16890.0			0.3455			0.1003		
P	124			0.0002			0.1689		

回归结果验证了假设 10b、10c 中的部分内容。即，在法律制度环境模型中，银行监督基本无效，法律制度环境在公司被 ST 前一年的治理效应为负，法律制度环境与银行监督之间没有交互效应。根据樊纲等编制的指数报告显示，我国法律制度环境指数随着时间呈增长的趋势，理论上讲，法律制度环境的作用应当越来越显著，但实证却显示了相反的结果，即，公司被 ST 前三年，法律制度环境对其无效，有可能是当公司陷入危机后，人为调整了对陷入困境公司的法律约束力。

2）债权人监督对控股股东代理成本的治理效应

（1）政府控制及债权人监督对控股股东代理成本的治理效应

从表7-7来看，银行监督在公司被ST的前两年具有显著的治理作用，而在t-3年则治理无效；在t-1年和t-3年，政府控制治理无效，在t-2年则有显著的治理效应；在影响控股股东代理成本方面，在t-2年，政府控制与银行监督交互作用，而在t-1、t-3两年里两者之间没有交互作用。回归结果验证了假设11a、11b、11c中的部分内容，即银行监督对控股股东代理成本在公司被ST前两年治理作用显著，政府控制治理在公司被ST前三年治理作用弱化。

表7-7　政府控制及银行监督对ST公司前三年控股股东代理成本的治理效应

变量名	t-1年			t-2年			t-3年		
	系数	T值	P值	系数	T值	P值	系数	T值	P值
Loan	−0.0842	1.4158	0.0916	−0.0728	−1.9027	0.0620	0.0283	0.6085	0.5445
State	0.0112	0.3032	0.7624	−0.0428	−2.5508	0.0134	−0.0130	−0.7093	0.4801
State×Loan	−0.0708	−0.6449	0.5207	0.0971	1.6928	0.0958	0.05178	0.8021	0.4248
Lnsize	−0.0010	−0.1009	0.9199	−0.0034	−0.7720	0.4432	−0.0130	−2.7337	0.0077
Growth	−0.0711	−2.1342	0.0357	−0.0076	−0.5460	0.5871	0.0023	0.9453	0.3473
Age	−0.0019	−0.7490	0.4559	0.0014	1.2093	0.2314	0.0016	1.2935	0.1994
Indus	控制			控制			控制		
F	2.7486			2.4915			1.7178.		
R^2	0.1845			0.2282			0.1265		
p	0.0127			0.0260			0.1159		

（2）内部治理及银行监督对控股股东代理成本的治理效应

从表7-8的回归结果来看，在公司被ST前三年，对控股股东代理成本的治理效应情况如下：银行监督在公司被ST前三年没有治理作用，也就是说银行监督无效；第一大控股股东对控股股东代理成本也没有治理作用；第二到第十大股东对控股股东代理成本同样不具有治理作用。这与非ST公司的实证结果存在显著差异。在非ST公司中，股权制衡度对控股股东代理成本有显著的治理作用；在被ST前三年，内部治理的其他因素也都没有治理效应，在与银行监督的交互作用方面，也都不存在交互效应。说明公司在被ST前三年，公司的整个内部治理混乱，治理机制失效，这个结论与我国一些学者关于公司被ST的成因研究的结论一致（宫兴国、吴宏媛、陈海妹，2004；纪寿乐，2002；沈艺峰、张俊生，2002；沈亚军，2006；李秀凤、井润田，2005；刘晶，2003）。这些研究大都认为公司被ST的原因不仅有表层原因，更主要在于内在原因，在于公司治理体制不健全、内部治理结构混乱、内部治理各机制缺乏协调、经营管理混乱、盲目投资和投资低效率等。

表7-8 内部治理及银行监督对ST公司前三年控股股东代理成本的治理效应

变量名	t-1年			t-2年			t-3年		
	系数	T值	P值	系数	T值	P值	系数	T值	P值
Loan	−0.3382	−0.5322	0.5960	0.1740	0.5956	0.5542	0.1538	0.3920	0.6962
Top_1	−0.0011	−0.5579	0.5785	0.2428	−1.1826	0.2428	−0.0006	−0.8082	0.4215
$Top_1×Loan$	0.0025	0.5211	0.6038	0.0033	1.3742	0.1757	0.0020	0.7921	0.4308
Top_{2-10}	−0.0024	−0.8961	0.3731	0.0013	1.2375	0.2219	0.0010	1.0842	0.2817
Board	0.0024	0.1752	0.8613	0.0117	2.7610	0.0081	0.0033	0.5697	0.5706
Outdir	−0.0662	−0.1794	0.8581	−0.0974	−0.5360	0.4770	0.6637	0.2724	0.7860
Dua	−0.0005	−0.0102	0.9919	−0.0127	−0.7167	0.5944	−0.0307	−1.4991	0.1380
Board×Loan	−0.0112	−0.2414	0.8099	−0.0441	−2.9614	0.0047	−0.0245	−1.1091	0.2709
Outdi×Loan	0.9125	0.7652	0.4465	0.5066	0.7648	0.4481	0.2084	0.2559	0.8218
Dua ×Loan	−0.0200	−0.0863	0.9314	0.0490	0.5619	0.5770	0.1187	1.3167	0.1920
$Top_{2-10}×Loan$	0.0065	0.8408	0.4031	−0.0035	−1.1068	0.2739	−0.0014	−0.5192	0.6051
Lnsize	−0.0091	−0.0756	0.4520	−0.0045	−0.0099	0.3112	−0.0093	−1.9297	0.0574
Growth	−0.4644	−1.6551	0.1021	−0.0097	−0.7596	0.4512	0.0019	0.7428	0.4599
Age	0.2069	−0.6895	0.4926	0.0007	0.5648	0.5748	0.0011	0.8595	0.3928
Indus	控制			控制			控制		
F	1.2886			1.4301			1.5876		
R^2	0.2049			0.3088			0.2410		
p	0.2308			0.9011			0.0977		

从回归结果的数据分析可以确定，实证分析证明了假设11b、11c中关于银行监督对控股股东代理成本的假设，即银行监督在公司被ST前一年治理效应明显，也就是说，银行债权人在公司被ST的前一年有反应。

（3）法律制度环境及银行监督对控股股东代理成本的治理效应

从表7-9的回归结果看，银行借款率与控股股东代理成本的系数只有在t-1年是显著的，但系数值为负，说明银行借款增加了控股股东代理成本，其他两年则都不显著，说明银行监督对陷入危机状态的公司控股股东代理成本治理作用很小；在t-2、t-3两个年度，法律环境与控股股东代理成本的系数均显著为负，说明我国法律对控股股东的约束是有效的；法律环境与银行监督的交互项只有在t-1年是替代关系的，在其他两个年度中，银行监督与法律制度环境之间没有交互作用。

回归结果验证了假设11b、11c中关于法律环境模型的假设，即公司在被ST的前三年，银行对控股股东代理成本的治理基本无效；法律环境对控股股东代理成本约束效应弱化。这一结论与非ST公司的检验结果有明显差异，可能的原因有待进一步检验，比如通过配对样本的方式、ST公司前后进行对比检验或是调整变量等，也需要对我国整体ST的宏观政策做进一步的分析。

表7-9　　法律制度环境及银行监督对公司被ST前三年控股股东代理成本的治理效应

变量名	t-1年			t-2年			t-3年		
	系数	T值	P值	系数	T值	P值	系数	T值	P值
Loan	1.1192	1.9166	0.0586	−0.6566	−1.2004	0.2348	0.2503	0.4826	0.6307
Law	0.0107	0.3620	0.7183	−0.0486	−2.1733	0.0338	−0.0012	−3.0488	0.0912
Law ×Loan	−0.1459	−1.8217	0.0724	0.0941	1.1665	0.2481	−0.0327	−0.3766	0.7074
Lnsize	−0.0052	−0.5632	0.5748	−0.0045	−1.0643	0.2915	−0.0135	−2.9221	0.0045
Growth	−0.0685	−2.1827	0.0318	−0.0197	−1.3656	0.1772	0.0022	0.8931	0.3744
Age	−0.0026	−1.0720	0.2868	0.0014	1.1043	0.2748	0.0015	1.1622	0.2485
Indus	控制			控制			控制		
F	4.6138			2.2993			1.7654		
R²	0.2753			0.2143			0.1296		
p	0.0002			0.0384			0.1052		

3)债权人监督对公司绩效的治理效应

（1）政府控制及债权人监督对公司绩效的治理效应

从表7-10的回归结果看，银行监督公司绩效在t-1年显著负相关，银行借款降低了公司在被ST前一年的绩效，在t-2、t-3两年不显著，即银行监督对公司绩效无治理作用；在三年中，政府控制都没有显著的作用，在公司被ST前三年中，政府控制与银行监督之间没有交互作用。

110

回归结果基本验证了假设12a、12b中的一部分，即银行监督对公司被ST前三年的绩效不仅没有治理效应，反而降低了公司的绩效。政府救助集中表现在t-2年，政府控制与银行监督没有交互效应。

表7-10　　　政府控制及银行监督对公司被ST前三年的绩效的治理效应

变量名	t-1年			t-2年			t-3年		
	系数	T值	P值	系数	T值	P值	系数	T值	P值
Loan	−0.2681	−2.4463	0.0165	−0.1131	−1.1218	0.2664	−0.0366	−0.9010	0.3702
State	−0.0080	−0.1443	0.8856	−0.0205	−0.4583	0.6484	−0.0086	−0.5357	0.5936
State×Loan	0.0346	0.2097	0.8344	0.1207	0.7948	0.4299	0.0532	0.9476	0.3461
Lnsize	0.0367	2.4781	0.0152	0.0080	0.6842	0.4965	−0.0053	−1.2956	0.1987
Growth	0.2123	4.7729	<.001	0.0452	1.2346	0.2218	0.0050	2.4065	0.0183
Age	−0.0004	−0.1094	0.9131	0.00188	0.5943	0.5545	−0.0005	−0.4688	0.6404
Indus	控制			控制			控制		
F	6.0711			1.0096			1.7275		
R^2	0.2975			0.0917			0.1098		
p	0.0003			0.0942			0.1245		

（2）内部治理及银行监督对公司绩效的治理效应

表7-11显示了内部治理模型回归的结果。在公司被ST的前三年中，银行监督只在t-3这个年度对公司绩效有显著影响；内部治理对公司绩效的治理作用基本不存在，这再次验证了公司陷入危机的原因之一就是内部治理混乱。公司的成长性对公司绩效有一定的贡献，有两个年度表现为显著正相关关系。方程的拟合优度和P值说明模型具有一定的稳定性。

表 7-11　　内部治理及银行监督对公司被ST前三年绩效的治理效应

变量名	t-1年			t-2年			t-3年		
	系数	T值	P值	系数	T值	P值	系数	T值	P值
Loan	1.5132	0.7054	0.4828	0.3423	−0.2051	0.8383	1.6371	3.1187	0.0026
Top_1	0.0037	1.3372	0.1852	0.0028	1.0572	0.2956	−0.0004	−0.7282	0.4687
Top_1×Loan	−0.0111	−1.5629	0.1223	−0.0080	−1.1320	0.2632	0.0004	0.2221	0.8242
Board	0.0069	0.3898	0.6978	−0.0344	−2.7737	0.0078	0.0055	1.0006	0.3202
Outdir	0.0565	0.11271	0.9106	−0.5873	−1.1355	0.2617	−0.0298	−0.1419	0.8875
Lnpay	0.0033	0.06324	0.9497	0.0154	0.4234	0.6739	0.0369	3.0338	0.0033
Mshare	0.3770	0.3833	0.7026	−0.6402	−1.0282	0.3089	−0.0361	−0.3738	0.7095
Board×Loan	−0.0174	−0.2882	0.7741	0.0922	2.1304	0.0382	−0.0258	−1.2521	0.2144
Outdi×Loan	−1.2623	−0.7278	0.4696	0.3976	0.2131	0.8321	−0.4015	−0.5094	0.6125
Lnpay ×Loan	−0.0650	−0.3915	0.6965	−0.0416	−0.3554	0.7238	−0.0975	−2.5914	0.0115
Mshare×Loan	−0.9562	−0.1832	0.8551	5.8655	0.7427	0.4612	−2.4768	−0.8601	0.3924
Lnsize	0.0474	2.5655	0.0123	0.0150	1.2285	0.2251	−0.0041	−0.9995	0.3207
Growth	0.2185	4.3604	<.000	0.0355	0.9119	0.3663	0.0050	2.5037	0.0144
Age	0.0009	0.09146	0.9274	0.0035	1.0242	0.3108	−0.0012	−1.0671	0.2893
Indus	控制			控制			控制		
F	2.7400			1.2845			1.8665		
R^2	0.3384			0.2685			0.2559		
p	0.0026			0.2509			0.0438		

（3）法律制度环境及银行监督对公司绩效的治理效应（见表7-12）

表7-12　　法律制度环境及银行监督对公司被ST前三年绩效的治理效应

变量名	t-1年			t-2年			t-3年		
	系数	T值	P值	系数	T值	P值	系数	T值	P值
Loan	−1.0028	−1.0896	0.2789	3.3020	2.5710	0.0126	0.0952	0.2127	0.8326
Law	−0.0366	−0.7862	0.4339	0.0737	1.3530	0.1811	0.0226	1.0449	0.2990
Law ×Loan	0.1035	0.81745	0.4159	−0.4905	−2.5928	0.0119	−0.0180	−0.2400	0.8109
Lnsize	0.0358	2.5370	0.0132	0.0051	0.4946	0.6227	−0.0041	−1.0293	0.3063
Growth	0.2132	4.8258	<.000	0.0338	0.9513	0.3453	0.0052	2.5427	0.0128
Age	−0.0002	−0.0597	0.9525	0.0003	0.1012	0.9197	−0.0002	−0.2273	0.8208
Indus	控制			控制			控制		
F	6.2218			2.5131			2.1822		
R^2	0.3027			0.2009			0.1348		
p	0.0000			0.0309			0.0526		

从表7-12回归结果看，在t-1年，银行监督没有增加公司绩效的作用，在t-2年，银行监督能提升公司的绩效，说明银行监督对公司绩效是有治理作用的，但在公司被ST前治理作用弱化；法律环境对公司绩效没有提升效应，与银行监督没有交互关系。

回归结果证明了假设12b、12c中的部分内容，银行监督、法律环境治理明显无效；二者之间也没有交互作用。

7.5.2　稳健性检验

本章采用替换因变量的方式，对模型的稳定性进行了检验，检验结果与之前的实证结果基本一致，此处不再赘述。同时，为了进一步考察ST公司是否接受了更多的政府救助、享受了更多的法律制度优惠等，本章还将样本公司区分为国有和非国有进行了检验，检验结果如下：在经理人代理成本的治理方面，两类公司的银行借款率系数方向基本一致，但非国有公司基本都很显著，而国有公司大都不显著。这个结果很好地说明了，公司在被ST前三年，政府对国有公司有明显的救助行为；在控股股东代理成本模型中，在国有公司中，银行监督的系数都为正，说明银行监督不仅没有减少，反而增加了控股股东代理成本。对于非国有公司，在t-1、t-2两年中，银行借款率的系数显著为负，说明银行监督具有积极的治理作用，而在t-3年则治理无效；在公司绩效模型中，无论是国有公司还是非国有公司，在被 ST 前三年，银行监督基本无效，说明公司已经陷入财务危机，单纯从银行债权人角度很难改变公司业绩。

7.6 研究结论

本章在梳理国内关于 ST 公司研究的基础上，发现已有研究中关于债权人参与 ST 公司治理效应的研究几乎是空白，而我们知道，公司一旦陷入困境，公司股东可以利用资本市场将损失最小化，或者将损失转移给债权人，债权人利益将受到严重侵害，因此本章围绕这一命题展开研究。研究仍然以本书第 2 章的理论为基础，以我国 2008—2010 年当年新增的 ST 公司为研究样本，根据公司被 ST 前三年的数据，研究债权人参与 ST 公司的治理效应。

通过实证研究得到以下结论：

第一，公司被 ST 前三年，债权人投资呈上升趋势，这与理论不符。一般来说，当被投资者出现危机时，投资者会减少投资以降低风险和损失。本书通过实际数据的描述性统计发现银行债权投资不减反增，本书分析其存在的原因有以下几种可能：一是政府干预的结果；二是银行的最大信贷客户是上市公司，银行希望通过增加信贷投入扶持公司以度过危机，一旦公司度过危机，股东通过资产转移等将损失转嫁给债权人的机会就将消失；三是银行债权人作为外部投资者对公司内部信息反应不足。

第二，在公司被 ST 前的 t-1 年，债权人对公司经理人代理成本的治理效应较显著，而在 t-2、t-3 两年，债权人治理效应相对较弱或是无效，这也说明，债权人可能对公司陷入困境反应不足；另一方面，也可能是因为政府干预导致了债权人治理作用的发挥。

第三，在公司被 ST 前三年，债权人对控股股东代理成本的治理基本无效。这一结果说明，控股股东对公司陷入危机的信息反应快于债权人的反应，资金占用行为反应超前于债权人对其行为的控制。

第四，政府控制、法律制度环境以及内部治理等对公司被 ST 前三年的治理表现不尽如人意。债权人对非国有 ST 公司的治理效应远高于对国有公司的治理效应，再次证明政府控制干预了债权人的治理行为和治理作用。法律环境对经理人代理成本基本失效，而对控股股东代理成本则具有一定的抑制作用，可能的原因有很多，其中政府干预使困境公司享有更多的法律优惠的可能性较大。

第五，在对 ST 公司绩效的影响方面，债权人治理基本无效。影响公司绩效的因素很多，债权人只能利用增减债权投资影响公司的投资规模，进而影响公司绩效，治理作用本身就很有限。总的来说，相对于非 ST 公司，债权人参与 ST 公司的治理效应较弱。

8 研究结论、政策建议与后续研究

本章主要对全文的研究进行总结和归纳，主要分三部分：一是本书的研究结论，在这部分中还对影响结论的可能原因进行了简要分析和说明；二是政策建议，针对研究结论及可能的原因提出相应对策；三是后续研究，主要提炼本书研究的不足或未作研究的内容，在此基础上提出后续可能的研究内容。

8.1 研究结论

本书在治理理论及文献梳理的基础上，以我国2008—2010年上市公司以及这三年新增的ST公司为研究样本，通过实证分析得到以下结论：

（1）债权人治理在公司债务治理中占据重要地位。债权人是企业的重要利益相关者，在公司治理中特别是债务治理方面应当发挥作用，之前的部分理论及实证分析已经证明了这一观点。企业的利益相关者有企业内部相关者和外部相关者，相关者之间依照各自的利益相关度、谈判能力及对利益和风险的判断，在持续性动态博弈中，不断调整行为以谋求自身利益的最大化。大部分外部利益相关者可能由于利益相关度低或讨价还价能力弱，或对风险和收益的判断力差等原因，在博弈中处于弱势地位，参与治理的动机或激励不足。因此，利益相关者全面参与公司治理是不现实的，而作为外部利益相关者的债权人，特别是大债权人（银行等）在利益相关者的博弈中具有能与大股东和经理人抗衡的能力，因此，大债权人应当参与公司治理。本书实证研究发现，债权人对债务企业经理人代理成本和控股股东代理成本都有一定程度的抑制作用，因此，应加强债权人的治理作用，特别是当公司陷入危机、公司内部治理失效的情况下，债权人参与公司债务治理有助于缓解危机，同时，债权人通过债务重组有助于公司生命周期的延续；在国有控股公司，银行债权人参与公司债务治理能抑制控股股东的隧道行为，维护中小投资者及其他债权人的利益等。

（2）债权人治理能抑制经理人代理成本。本书第4章的实证得到了这一结果。在政府控制模型中，无论是国有公司还是非国有公司，债权人对经理人代理成本具有显著抑制作用，并且，政府控制与银行监督具有互补作用；在内部控制模型中，受不同内部治理因素的影响，银行债权人对经理人代理成本的抑制不确定，同时，与内部治理各因素的交互分析结果显示，有互补关系也有替代关系，但总体上来说，债权人与内部治理机制在监督经理人代理成本方面呈现为互补关系；法律环境模型显示债权人治理经理人代理成本具有一定的正效应，法律环境与银行监督者具有一定替代效应。

（3）债权人治理对公司绩效基本没有影响。本书第6章实证发现，无论是对国有的还是非国有的非ST公司，债权人对公司绩效的治理作用都表现为：在法律环境模型中，债权人监督对公司绩效有治理作用；在内部控制模型和政府控制模型中则无治理作用。而在ST公司中，银行监督对公司绩效基本没有治理效应。

（4）债权人对控股股东代理成本具有正的治理效应。本书第5章的实证结果显示了债权人监督对控股股东代理成本有正的治理效应，法律环境有利于债权人监督效应的提高。

（5）债权人治理在公司被ST前两年对代理问题有治理效应，而对公司绩效的影响则表现为临近被ST的前一年，债权增加会降低公司绩效。从本书第7章的实证结果看，银行债权人对经理人代理成本的治理在公司被ST前三年都有积极的治理效应；对控股股东代理成本在公司被ST的前两年有治理效应，在前三年则会增大控股股东代理成本。

8.2　政策建议

（1）深化国有商业银行市场化改革，转变政府职能，减少政府干预，稳定国有商业银行独立债权主体地位，强化债权人硬约束功能。随着环境的变化和理论的发展，债权人参与公司债务治理正发生着实质性的变化，债权人不但参与了公司债务治理，而且其在内、外治理结合的相机治理中的地位越来越显著。而目前我国上市公司中的最大债权人是国有商业银行，因此，深化国有商业银行改革显得尤为迫切，其中最为重要的是市场化问题。银行市场化就是从根本上减少政府干预，稳定银行独立债权主体，真正实现商业银行的市场化。

（2）进一步完善法律制度环境。本书的研究已经证明，法律制度环境有利于提高债权人监督效应，但因我国法律制度还存在一定的不足，在一定程度上限制了银行债权人的监督方式。我国《商业银行法》和《证券法》规定，国有银行不能持有其他公司的股票，也就是说，不允许银行债权人对非金融公司进行直接投资，这样银企之间仅依靠信贷契约维系，而且信贷契约约束又以强约束银行弱约束公司的态势存在，加之政府干预，造成了银行债务的软预算约束，使应分享贷款企业控制权的银行债权人反倒被贷款企业控制，银行作为最大的债权人，银企之间缺乏人事结合机制，无权参与公司的经营决策和公司治理。因此，需要进一步完善法律制度环境，赋予银行债权人拥有对贷款企业一定的控制权和落实人事结合制度，允许银行向贷款企业派驻兼职董事、监事代表，使银行能对贷款企业实施财务控制，充分发挥银行债权人的治理作用。同时，法律的完善能降低债权人的监督成本，激励债权人参与治理。

（3）完善并推行主办银行制度。实证检验的结论证明，银行债权人对公司经理人代理成本和控股股东代理成本有着显著的治理作用，因此，应加大银行监督的力度，建议继续推行主办银行制度。1996年推行的主办银行制度试点工作，在一定程度上改善了银企关系，但由于银行的独立市场主体身份不清晰，导致银企之间权利义务不对称，契约软约束企业、强约束银行，单方面强调主银行的服务义务而忽视对债务人义务和责任的约束，使银行监督效应弱化。但近年来，我国银行实施了股份制，独立的市场身份已基本确定，而当前我国上市公司特别是陷入危机的公司内部人控制现象严重，因此，应继续推行主银行制度，加大债权人治理的力度。进一步完善我国主办银行制度是目前比较现实的选择。

（4）强化银行债权人参与公司治理的意识。长期以来，我国银行受控于政府，这种格局淡化了银行参与贷款企业治理的意识，银行大债权人的不作为必然影响其他债权人的治理意识，导致整体债权人参与治理的意识淡薄。虽然近几年银行债权人的各项改革取得了一定的效果，债权人参与治理的意识仍然不尽如人意，因此，应进一步强化债权人参与治理的意识。

（5）加强信用契约的公平性，匹配债权人与债务人的权利与义务。尽管债权人治理不仅能保障本身的利益，也有利于维护中小投资者的利益，还能监督经理人行为，降低两类代理成本，但通常情况下，债务人不太愿意接受债权人治理，这一点从内部治理与银行的交互效应的实证检验结果已经有所体现。实证发现，内部治理与银行监督之间没有交互效应；另外，国有公司信贷行为受政府的保护，使国有企业不与国有银行合作，不愿意让银行介入其公司治理，而债权人却没有权利实施强制参与，导致债权人处于被动地位。因此，应加强信用契约的公平性，使权利与义务相匹配。

（6）加强法律制度执行的公平性。从本书的实证分析来看，非ST公司中银行监督效应显著，法律制度有显著治理作用，而且法律制度对银行监督有着促进作用，但对ST公司的实证却没有得到类似的结果。在公司被ST前三年，法律制度没有起到应有的抑制和治理作用，法律制度对ST公司失效，说明法律制度的执行存在一定的非公平性。

8.3　研究不足及后续研究

本书存在一定的不足，这些不足也是后续需要进一步研究的内容，主要有以下几个方面：

交互式治理是一个很庞大的系统，本书只以银行债权人监督作为治理主因素，其他为次主因素，结果可能会有偏差。

仅以银行作为债权人研究对象，没有考虑其他债权性质；同时，将所有债权人视为同质的，比如长期债权人和短期债权人、大债权人和小债权人等都没有区分，而事实上不同的债权人具有不同的属性，后续研究可以在区分债权人性质的基础上研究债权人治理的效应。

将债务人均视同接受监督。事实上，不只是存在债务人不接受监督的情况，大部分债务人对债权人监督尚存有抵触心理，这将是以后要进一步研究的领域。

本书没有考虑法律制度环境的区域差异，而是假定公司在某一年度所处环境一致，即在各年度所有公司适用同样的法律环境，指数为相同某一常数值，这也是该文的一个不足之处，有待以后进一步研究。

在债权人参与ST公司治理的方面，本书只对公司被ST前三年债权人的治理效应进行了研究，没有研究公司被ST之后债权人的治理效应，这也是以后需要深入研究的部分。

债权人参与公司债务治理的研究尚在探索中，但债权人对提高我国公司债务治理效应的确有着重要的现实作用。基于对交互式治理的分析，我国应建立公司债务治理的内外部相机治理机制，但目前来看这种治理机制的实施存在瓶颈，因为，所有债权人全面参与公司债务治理并不现实，相对而言，作为外部利益相关者的银行债权人参与公司债务治理具有可操作性，可以考虑完善各种机制，先实施银行债权人参与治理，由公司其他弱势债权人共享银行债权人参与公司治理所带来的益处，间接实现全部债权人参与治理，再逐渐完善交互式治理。

主要参考文献

（按照引文的先后顺序排列）

[1]MAYER C. Corporate Governance Market and Transition Economics, for Presentation at the International Conference on Chinese Corporate Governance[C]. Shanghai，1995.

[2]LELAND H E, DAVID H P. Informational Asymmetries, Financial Structure, and Financial Intermediation[J].The Journal of Finance，1977，32（2）：371-387.

[3]GROSSMAN S, HART O.Corporate Financial Structure and Managerial Incentives in the Economics of Information and Uncertainty[M].Chicago University of Chicago Press，1982:107-140.

[4]DIAMOND D W. Financial Intermediation and Delegated Monitoring[J].The Review of Economic Studies，1984，51（3）:393-414.

[5]FAMA E F.What's the Different about Banks?[J].Journal of Monetary Economics，1985，15（1）:29-39.

[6]JENSEN M. Agency Costs of Free Cash Flow Corporate Finance and Takeovers [J].American Economic Review，1986，76（2）:323-389.

[7]WILLIAMSON O. Corporate Finance and Corporate Governance[J].The Journal of Finance，1988（43）:567-592.

[8]SHLEIFER A. Government in Transition[J].European Economic Review，1997，41（3-5）:385-410.

[9]CREMERS M , Nair B.Governance Mechanisms and Equity Price[J].The Journal of Finance ，2005，60（6）:2859-2894.

[10]GILLAN S L.Recent Developments in Corporate Governance: An Over View[J]. Journal of Corporate Finance，2006，12（3）:381-402.

[11]青木昌彦，钱颖一.转轨经济中的公司治理结构:内部人控制和银行的作用[M].北京：中国经济出版社，1995.

[12]郑志刚，吕秀华.董事会独立性的交互效应和中国资本市场独立董事制度政策效果的评估[J].管理世界，2009（7）:133-144.

[13]张曦，周方召.投资者法律保护与公司治理交互作用及其对公司绩效影响研究述评[J].外国经济与管理，2010（9）:45-51.

[14]李维安.公司治理学[M].北京:高等教育出版社，2005.

[15]田利辉.制度变迁、银企关系和扭曲的杠杆治理[J].经济学（季刊），2005（4）:119-134.

[16]施华强.中国国有商业银行不良贷款与内生性:一个基于双重软预算约束的分析框架[J].金融研究，2004（6）:1-16.

[17]田利辉.杠杆治理、预算软约束和中国上市公司绩效[J].经济学（季刊），2004（10）:15-26.

[18]田利辉.国有产权、预算软约束和中国上市公司杠杆治理[J].管理世界，2005（7）:123-128.

[19]LIHUI T，SAUL E.Debt Financing，Soft Budget Constraints，and Government Ownership: Evidence from China[D]. Peking University，2007.

[20]MODIGLIANI F，MILLER M H. The Cost of Capital，Corporation Finance and the Theory of Investment [J].The American Economic Review，1958，48（3）:261-297.

[21]MODIGLIANI F，MILLER M H. Corporate Income Taxes and the Cost of Capital: A Correction.[J].American Economic Review，1963，55（3）:433-443.

[22]MAKSIMOVIC V，PHILLIPS G. Asset Efficiency and the Reallocation Decisions of Bankrupt Firms[J].The Journal of Finance，1998 ，53:14-152.

[23]ANDRADE G，KAPLAN S N. How Costly is Financial （not Economic）Distress? Evidence from highly Leveraged Transactions that became Distressed[J].The Journal of Finance，1995，53:1443-1493.

[24]ALEX K，ALAN J M，ROBERT L M. How Big is the Tax Advantage to Debt? [J].The Journal of Finance，1984，39:841-853.

[25]MICHAEL J B，EDUARDO S E. Optimal Financial Policy and Firm Valuation[J]. The Journal of Finance，1984，39:593-607.

[26]GRAHAM J R. How Big are the Tax Benefits of Debt?[J].The Journal of Finance，2000，55:1901-1941.

[27]FICHER E O，HEINKEL Z. Dynamic Capital Structure Chocie[J].The Journal of Finance，1989，44:19-40.

[28]LEARY M T，ROBERTS M R. Do Firms Rebalance their Capital Sructures? [J].The Journal of Finance，2005，60:2575-2619.

[29]LEMMON M L，ROBERT M R，ZENDER J F .Back to the Beginning: Persistence and the Cross Section of Corporate Capital Structure[D].University of Utah，University of Pennsylvania and University of Colorado，2006.

[30]JENSEN M C，MECKLING W H.Theory of the Firm Managerial Behavior，Agency Costs and Ownership Structure[J].Journal of Financial Economics，1976，3:

305-360.

[31]吴晓求.激励机制与资本结构：理论与中国实证[J].管理世界，2003（6）:5-14.

[32]REDIKER K J， SETH A.Boards of Directors and Substitution Effects of Alternative Governance Mechanisms[J].Strategic Management Journal，1995，16（2）: 85-99.

[33]HIRSHLEIFER D， THAKOR A V. Managerial Performance， Board of Directors and Takeover Bidding[J].Journal of Corporate Finance，1994，1:63-90.

[34]唐松，杨勇，孙铮.金融发展、债务治理与公司价值——来自中国上市公司的经验证据[J].财经研究，2009（6）:4-16.

[35]章细贞.我国上市公司债务治理效应研究[J].求索.2005（7）:21-23.

[36]方萍，吕蜀亮.浅谈债务的公司治理效应在我国的运用[J].财务与会计，2006（9）:20-21.

[37]何武强.债务治理理论与公司融资行为研究[D].重庆:西南财经大学.2006.

[38]王满四.上市公司负债融资的公司治理效应分析——考虑环境因素[J].证券市场导报，2005（5）:71-77.

[39]张锦铭.债务融资的治理效应研究——一种新的实证研究设计[J].山西财经大学学报，2006（8）:117-121.

[40]甘金旺.债务的公司治理效应——基于财务治理理论的解释及在中国的运用[J].云南财经学院学报，2006（5）:5 1-52.

[41]BERLE A A， MEANS G C.The Modern Corporation and Private Property[M]. New York: Macmillan，1932：45-106.

[42]DIAMOND D W. Financial Intermediation and Delegated Monitoring[J]. Review of Economic Studies，1984，7:393-414.

[43]SAH R K， STIGLITZ J E. The Social Cost of Labor and Project Evaluation:A General Approach[J].Journal of Public Economics，1985，28（2）: 135-163.

[44]BROECKER T. Credit- Worthiness， Tests and Interbank Competition[J]. Econometric，1990，58:429-452.

[45]TIROLE J. The Theory of Corporate Finance[M].The Princeton University Press，2001.

[46]STIGLITZ J E ， WEISS A. Credit Rationing in Markets with Imperfect Information [J]. The American Economic Review，1981，71（3）:393-410.

[47]RAJAN R G. Insiders and Outsiders:The Choice between Informed and Arm's-Length Debt[J].The Journal of Finance， American Finance Association，1992，47（4）:1367-400.

[48]HART O, MOORE J. Debt and Seniority: An Analysis of the Role of Hard Claimsin Constraining Management[J]. The Ameriea Economic Review, 1995, 85 (3) :567-585.

[49]DIAMOND D W.Monitoring and Reputation:The Choice Between Bank Loans and Directly Placed Debt[J].Joumal of Political Economy, 1991, 99 (4) :689-721.

[50]XIANPING L, OFEK E, STULZ R.Leverage, Investment and Firm Growth [J].Joural of Financial Economics, 1996, 40:3-29.

[51]MASULIS R.The Impact of Capital Structure Change on Firm Value, Some Estimate[J]. The Journal of Finance, 1983, 38 (1) :107-126.

[52]HARRIS M, RAVIV A. Capital Structure and the Informational Role of Debt [J]. The Journal of Finance, 1990, 45 (2) :321-349.

[53]JAGGI B, GUL F A. Ananalysis of Joint Effects of Investment Opportunity Set, Free Cash Flows and Size on Corporate Debt Policy[J].Review of Quantitative Finance and Accounting, 1999, 12 (4) :371-381.

[54]RAFAEL R, JAVIER S. Entrepreneurial Moral Hazard and Bank Monitoring: A Model of the Credit Channel [J].European Eeonomic Review, 2000, 44 (10) : 1931-1950.

[55]SHEPHERD J M, TUNG F, YOON A H.What Else Matters for Corporate Governance: The Case of Bank Monitoring[J].Boston University Law Review, 2008, 88 (4) :991-1041.

[56]VICTORIA I et al.Bank Debt and Corporate Governance[J].Review of Financial Studies, 2009, 22:41-77.

[57]ANNE T C, RONALD M S. Executive Compensation, Management Turnover and Firm Performance: an Empirical Investigation [J].Journal of Accounting and Economics, 1985, 7 (1-3) : 43-66.

[58]MICHAEL S W. Outside Directors and CEO Turnover [J].Journal of Financial Economics, 1988, 20 (1-2) :431-460.

[59]GILSON S C. Management Turnover and Financial Distress[J].Journal of Financial Economics, 1989, 25:241-262.

[60]MURPHY K, SHLEIFER A, VISHNY R. Why Is Rent- Seeking So Costly To Growth? [J]American Economic Review Papers and Proceedings, 1993, 83:409-414.

[61]LAPORTA R et al.Government Ownership of Banks[J]. The Journal of Finance, 2002, 57:265-361.

[62]ROBERT C, LIXIN C X.Institutions, Ownership, and Finance:The

Determinants of Profit Reinvestment among Chinese Firms[J].Journal of Financial Economics，2005，77:117-146.

[63]SIMON J， MITTON T.Cronyism and Capital Controls: Evidence from Malaysia [J].Journal of Financial Economics，2003，67:351-382.

[64]KHWAJA A I， MIAN A.Do Lenders Favor Politically Connected Firms [J]. Quarterly Journal of Economics，2005，120:1371-1411.

[65]CHUTATONG C， RAJA K， YUPANA W. Connected Lending: Thailand before the Financial Crisis[J].Journal of Business， 2006，79（1）:181- 217.

[66]FACCIO M， MCCONNEL J J， MASULIS R W.Political Connections and Corporate Bailouts[J].The Journal of Finance. 2006，61:2597-2635.

[67]陈晓，李静.地方政府财政行为在提升上市公司业绩中的作用探析[J].会计研究，2001（12）:20-29.

[68]李增泉，余谦，王晓坤.掏空、支持与并购重组——来自我国上市公司的经验数据[J].经济研究，2005（1）:95-105.

[69]林毅夫，李志赟.政策性负担、道德风险与预算软约束[J].经济研究，2004（2）:17-27.

[70]DOUGLASS C N.Structure and Change in Economic History[M].New York：w.w. Norton & Company，1981.

[71]DOUGLASS C N.Institutional Change and Economic Performance[M]. Cambridge：Cambridge University Press，1990.

[72]LAPORTA R et al.Corporate Ownership around the World[J].The Journal of Finance，1999.54:471-517.

[73]LAPORTA R et al.Legal Determinants of External Finance[J].The Journal of Finance，1997，52:1131-1150.

[74]LAPORTA R et al.Law and Finance[J].Journal of Political Economy， 1998，106:1113-1155.

[75]LAPORTA R et al.Agency Problems and Dividend Policies around the World [J].The Journal of Finance，2000， 55:1-33.

[76]LAPORTA R et al.Investor Protection and Corporate Valuation[J].The Journal of Finance，2000，57: 1147-1170.

[77]ALCHIAN A A. Some Economics of Property Rights[J].Il Politico， 1965， 30（4）: 816 -829.

[78]ROY L S， MINGFANG L. Environmental Dynamism， Capital Structure and Performance:a Theoretical Integration and an Empirical Test[J].Strategic Management， 2000，21:31-49.

[79]曾德明，周蓉，陈立勇.环境动态性、资本结构与公司绩效关系的研究[J].财经研究，2004（3）:67-84.

[80]谢德仁，张高菊.金融生态环境、负债的治理效应与债务重组:经验证据[J].会计研究，2007（12）:43-50.

[81]谢德仁，陈运森.金融生态环境、产权性质与负债的治理效应[J].经济研究，2009（5）:118-128.

[82]刘力.国有企业高资产负债率的成因分析[J].经济科学，1996（5）:40-45.

[83]希法亭 R.金融资本—资本主义最新发展的研究[M].北京：商务印书馆，1910:122-252.

[84]DEMIRGUC-KUNT A， MAKSIMOVIC V. Stock Market Development and Firm Financing Choices[J].World Bank Economic Review，1996，10:341-369.

[85]GIANNETTI M. Do Better Insitutions Mitigate Agency Problems? Evidence from Corporate Finance Choices [J].Journal of Financial and Quantitative Analysis，2003，38:185-212.

[86]MASSO N. Mixed Ownership of Industrial Firms in Japan:Debt Financing，Banks and Vertical Keriretsu Groups[J].Economic Systems，2002，26:231-247.

[87]BATTEN J A，PETER G S.Why Japan Needs to Develop its Corporate Bond Market [J].International Journal of the Economics of Business，2003，10:83-108.

[88]RAJAN R， ZINGALES L.What do We Known Really About Capital Structure? Some Evidence from International Data[J].The Journal of Finance，1995，50:1421-1460.

[89]BOOTH L et al.Capital Structures in Developing Countries[J].The Journal of Finance，2001，56:87-130.

[90]吕景峰.债权的作用与我国国有企业治理结构的改进[J].经济科学，1998（3）:2-28.

[91]倪铮，魏山巍.关于我国公司债务融资的实证研究[J].金融研究，2006（9）:20-30.

[92]陈晓，单鑫.债务融资是否会增加上市企业的融资成本?[J].经济研究，1999（9）:39-46.

[93]青木昌彦.比较制度分析[M].周黎安，译.上海:上海远东出版社，2001.

[94]胡鞍钢，胡光宇.公司治理的中外比较[M].北京:新华出版社，2004.

[95]王继康.再造中国银企关系——论银行债权约束与国有企业治理[M].广州:广东人民出版社，2000.

[96]于东智.资本结构、债权治理与公司绩效:一项经验分析[J].中国工业经济，2003（1）:87-94.

[97]伯利，米恩斯 J C.现代公司与私有财产[M].甘华鸣，罗锐韧，蔡如海，译.北京:商务印书馆，2005.

[98]STIGLITZ J.Credit Markets and the Control of Capital[J].Journal of Money，Credit and Banking，1985，17:133-152.

[99]高雷，宋顺林.管理者报酬与企业绩效实证分析[J].统计与决策，2006（6）:154-156.

[100]范勇福.股权结构、大股东行为与代理成本[J].财税金融，2006（10）.

[101]宋力，韩亮亮.对代理成本影响的实证分析[J].南开管理评论，2005（1）:30-40.

[102]蔡吉甫，谢盛纹.公司治理与代理成本关系研究[J].河北经贸大学学报，2007（4）:26-30.

[103]CLIFFORD J S，JEROLD B W.On Financial Contracting:An Analysis of Bond Covenants[J].Journal of Financial Economics，1979，7（2）:117-161.

[104]ANG J S，COLE R A，LIN J W. Agency Costs and Ownership Structure [J].The Journal of Finance，2000，55（1）:81-106.

[105]姜付秀，黄磊，张敏.产品市场竞争、公司治理与代理成本[J].世界经济，2009（10）:46-59.

[106]吕长江，张艳秋.代理成本的计量及其与现金股利的关系[J].理财者，2002（4）.

[107]张兆国，何威风，闫炳乾.资本结构与代理成本——来自中国国有控股上市公司和民营上市公司的经验证据[J].南开管理评论，2008（11）:39-47.

[108]杨德明，林斌，王彦超.内部控制、审计质量与代理成本[J].财经研究，2009（12）:40-49.

[109]李明辉.股权结构、公司治理对股权代理成本的影响——基于中国上市公司2001—2006年数据的研究[J].金融研究，2009（2）:149-168.

[110]肖作平，陈德胜.公司治理结构对代理成本的影响来——自中国上市公司的经验证据[J].财贸经济，2006（12）:29-35.

[111]李寿喜.产权、代理成本和代理效率[J].经济研究，2007（10）:102-113.

[112]廖义刚，张玲，谢盛纹.杠杆治理、独立审计与代理成本——来自财务困境上市公司的实证发现[J].经济评论，2009（6）:74-82.

[113]JENSEN M C. Agency Costs of Free Cash Flow，Corporate Finance and Takeovers[J].American Economic Review，1986，76（2）:323-329.

[114]JENSEN M C. The Modern Industrial Revolution，Exit，and the Failure of Internal Control Mechanisms[J].The Journal of Finance，1993，48（3）:831-880.

[115]EASTERBROOK F H. Two Agency-cost Explanations of Dividends[J].The

American Economic Review，1984，74（4）:650-659.

[116]封思贤.独立董事制度对关联交易影响的实证研究[J].商业经济与管理，2005（3）:54-60.

[117]叶康涛，陆正飞，张志华.独立董事能否抑制大股东的"掏空"?[J].经济研究，2007（4）:101-111.

[118]邓建平，曾勇，何佳.利益获取:股东共享还是资金独占? [J].经济研究，2007（4）:112-123.

[119]LEUZ C D，NANDA D，WYSOCKI P D. Investor Protection and Earning Magement: An Intemational Comparison[J].Journal of Financial Economics，2003，（69）:505-527.

[120]李增泉，王志伟，孙铮."掏空"与所有权安排——来自我国上市公司大股东资金占用的经验证据[J].会计研究，2004（12）:3-13.

[121]高雷，何少华.中国股票市场及上市公司治理研究[M].上海，上海三联出版社，2005.

[122]LAPORTA R et al.Investor Protection and Corporate Governance[J].Journal of Financial Economics，2000，58（1-2）:3-27.

[123]DENIS D K，MCCONNELL J J. International Corporate Governance[J]. Journal of Financial and Quantitative Analysis，2003，38（1）:1-36.

[124]LAPORTA et al.Investor Protection and Corporate Valuation[D].NBER，Tuck School of Business at Dartmouth，Yale School of Mangement，1999：7-403.

[125]高雷，何少华，仪垂林.国家控制、政府干预、银行债务与资金侵占[J].金融研究，2006（6）:90-98.

[126]夏冬林，钱苹.搭便车与公司治理结构中股东行为的分析[J].经济科学，2000（4）:14-20.

[127]唐宗明，奚俊芳，蒋位.大股东侵害小股东的原因及影响因素分析[J].上海交通大学学报，2003（4）:596-599.

[128]唐清泉，罗党论，王莉.大股东的隧道挖掘与制衡力量——来自中国市场的经验证据[J].中国会计评论，2005（1）:63-86.

[129]JENSEN M C，MECKLING W H. The Ory of the Firm: Managerial Behavior，Agency Costs and Ownership Structure[J].Journal of Financial Economics.1976，3（4）:305-360.

[130]MYERS S C. Determinants of Corporate Borrowing[J].Journal of Financial Economics，1977，5（2）:147-175.

[131]高雷，何少华，黄志忠.公司治理与掏空[J].经济学（季刊），2006（7）:1157-1178.

[132]申明浩.治理结构对家族股东隧道行为的影响分析[J].经济研究，2008（6）:135-144.

[133]王鹏.投资者保护、代理成本与公司绩效[J].经济研究，2008（2）:68-82.

[134]罗党论，唐清泉.市场环境与控股股东"掏空"行为研究——来自中国上市公司的经验证据[J].会计研究，2007（4）:69-74.

[135]王克敏，姬美光，李薇.公司信息透明度与大股东资金占用研究[J].南开管理评论，2009（12）:83-91.

[136]SHAOMIN L, ANIL N. Asian Corporate Governance or Corporate Governance in Asian?[J]Corporate Governance: An International Review，2009，17（4）:407-410.

[137]HART O, MOORE J.Debt and Seniority: An Analysis of the Role of Hard Claims in Constraining Management[J].American Economic Association，1995，85（3）:567-585

[138]HART O, MOORE J.Default And Renegotiation: A Dynamic Model of Debt[J].The Quarterly Journal of Economics，1998，113:1-41.

[139]ERIK B, VON T.Short-Term versus Long-Term Interests: Capital Structure with Multiple Investors[J].The Quarterly Journal of Economics，1994，109（4）:1055-1084.

[140]赵玉珍，张心灵.债务治理与公司经营绩效关系的实证[J].统计与决策，2011（6）:151-152.

[141]杨兴全.我国上市公司融资结构的治理效应分析[J].会计研究，2002（8）:37-45.

[142]邓莉，张宗益，李宏胜.银行债权的公司治理效应——来自中国上市公司的经验证据[J].金融研究，2007（1）:61-70.

[143]刘晓霞.债权人介入公司治理的合理性分析[J].兰州大学学报：社会科学版，2011，39（6）:118-124

[144]刘迎霜.论公司债债权人对公司治理的参与[J].财经理论与实践，2010，163（31）:120-124.

[145]苏正建，牛成喆.债权人财务治理研究[J].审计与经济研究，2006，21（4）:52-55.

[146]杜飞轮，张海鹏.基于产权性质分类的上市公司债务治理效应分析[J].华东经济管理，2007（11）:116-119.

[147]STIJN C, DJANKOV S, LANG LH P. The Separation of Ownership and Control in East Asian Corporations [J].Journal of Financial Economics，2000，58:81-

112.

[148]张玲，刘启亮.治理环境、控制人性质与债务契约假说[J].金融研究，2009（2）:102-115.

[149]宁向东.公司治理理论[M].2版.北京:中国发展出版社，2006:343-345.

[150]TORBEN P， STEEN T. Economic and Systemic Explanations of Ownership Concentration Among Europ's Largest Companies[J].International Journal of the Economics of Business，1999，6:367-381.

[151]DENIS D K，MCCONNEL J J.International Corporate Governance[J].Journal of Financial and Quantitative Analysis，2003，38:1-36.

[152]孙永祥，黄祖辉.上市公司的股权结构与绩效 [J].经济研究，1999（12）:23-30.

[153]徐莉萍，辛宇，陈工孟.股权集中度和股权制衡及其对公司经营绩效的影响[J].经济研究，2006（1）:90-100.

[154]刘国亮，王加胜.上市公司股权结构、激励制度及绩效的实证研究[J].经济理论与经济管理，2000（5）:40-45.

[155]张红军.中国上市公司股权结构与公司绩效的理论及实证分析[J].经济科学，2000（4）:34-44.

[156]杜莹，刘立国.股权结构与公司治理效率:中国上市公司的实证分析[J].管理世界，2002（11）:124-133.

[157]陈静.上市公司财务恶化预测的实证分析[J].会计研究，1999（4）:31-38.

[158]吴世农，卢贤义.我国上市公司财务困境的预测模型研究[J].经济研究，2001（6）:46-55.

[159]耿贵彬，田璇.上市公司财务危机预警模型构建[J].财会通讯，2007（10）:32-34.

[160]姜秀华，任强，孙铮.上市公司财务危机预警模型研究[J].预测，2002（3）:56-61.

[161]袁卫秋.上市公司财务困境预测模型[J].河北经贸大学学报，2006（9）:63-71.

[162]吴春雷，马林梅.上市公司最佳资本结构:基于财务预警的实证研究[J].经济纵横，2007（10）:23-25.

[163]秦锋.ST板块现状与出路探析[J].改革与战略，2000（5）:17-21.

[164]李秉祥.ST公司债务重组存在的问题与对策研究[J].当代经济科学，2003（5）:70-75.

[165]杨薇，王伶.关于ST公司扭亏的分析[J].财政研究，2002（4）:79-81.

[166]吕长江，赵宇恒.ST公司重组的生存分析[J].财经问题研究，2007（6）：86-83.

[167]张功富，宋献中.财务困境企业资本投资行为的实证研究——来自中国上市公司的经验证据[J].财务与会计，2007（5）:33-42.

[168]沈艺峰，张俊生.ST公司董事会治理失败若干成因分析[J].证券市场导报，2002（3）：21-25.

[169]刘晶.ST公司高级管理人员更换与公司业绩的关系[J].山东省农业管理干部学院学报，2003（6）:119-121.

[170]李秀凤，井润田.从ST小鸭看高层管理团队频繁更替对企业的负面影响[J].人力资源管理，2005（12）:141-145.

[171]沈亚军.我国ST上市公司治理缺陷与董事问责制关系的实证研究[J].商业研究，2006（20）:49-54.

[172]黄运潮.透视"ST"族[J].经贸导刊，1998（12）:40-42.

[173]石巧荣.我国股市中"ST""PT"阵容不断扩大现象的分析[J].经济师，2000（5）:39-40.

[174]纪寿乐.亏损上市公司面对摘牌厄运的思考[J].天津商学院学报，2002（7）:42-45.

[175]赵琳.我国ST公司资本结构的实证研究[J].齐鲁珠坛，2004（3）:29-31.

[176]宫兴国，吴宏媛，陈海妹.ST公司亏损原因剖析[J].经济论坛，2004（5）:116.

[177]赵国忠.特别处理公司财务特征分析[J].审计与经济研究，2008（9）：73-80.

[178]孟焰，袁淳，吴溪.非经常性损益、监管制度化与ST公司摘帽的市场反应[C].中国会计学会学术年会论文，2007:1069-1080.

[179]颜秀春.当前我国上市公司ST制度存在的问题及对策[J].财经视线，2008（21）:1-72.

[180]FITZPATRICK P J. A Comparison of Ratios of Successful Industrial Enterprises with those of Failed Firms[J].Certified Public Accountant，1932，2:589-605.

[181]BEABER W H. Financial Ratios as Predictors of Failure[J].Journal of Accounting Research，1966，4:71-102.

[182]ALTMAN E I. Financial Ratios， Discriminant Analysis and the Prediction of Corporate Bankruptcy[J].The Journal of Finance，1968，23:589-609.

[183]ALTMAN E I, HALDEMAN R C, NARAYANAN P. Zeta Analysis a New Model to Identify Nankruptcy Risk of Corporation [J].Journal of Banking and Finance，

1977，1:29-54.

[184]MARTIN D. Early Warning of Banking Failure[J].Journal of Banking and Finance，1977，1:249-276.

[185]OHLSON J S. Financial Ratios and the Probabilistic Prediction of Bankruptcy [J].Journal of Accounting Research，1980，19:109-131.

[186]陈晓，陈治鸿.中国上市公司财务困境预测[J].中国会计与财务研究，2000（3）:55-72.

[187]肖艳.上市公司财务困境预警的Logit模型实证研究[J].湖南工程学院学报：社会科学版，2004（4）:18-22.

[188]COATS P K，FANT L F. Recognizing Financial Distress Patterns Using a Neural Network Tool[J].Financial Management，1993，11:142-155.

[189]杨保安，李海，徐晶.BP神经网络在企业财务危机预警之应用[J].预测，2001（2）:49-54.

[190]薛锋，乔卓.神经网络模型在上市公司财务困境预测中的应用[J].西安交通大学学报：社会科学版，2003（2）:27-30.

[191]吕长江，周现华.上市公司财务困境预测方法的比较研究[J].吉林大学社会科学学报，2005（6）:99-10.

索　引

代理成本—3，6-9，12-22，24-27，32，39，40，41，43，44，58，67，71，
　　76，78，79，106，117，

法律环境—7，19，39，42，51，52，55-57，59，60，61，69，74，75，79，
　　80，83，90，91，93，107，110，113，114，116，118

公司治理—1-4，6-10，12，17-23，25-28，31，32，34-36，38-40，48，56-
　　60，69，79-81，93，96-98，109，115，117，118

股权治理—1，7，18

交互式治理—1，8，118

经理人代理成本—10，15，21，39-44，47-58，78，80，87，100，101，103-
　　107，113-117

控股股东代理成本—10，15，21，58-75，77，87，100-102，108-110，114-
　　117

控制权理论—3，16，78

MM理论—3，12，13，78

内部治理—1，7，8，17，18，37-41，44，49-51，54-59，62-64，69-72，75-
　　82，84，87-89，91-93，97，100，106-109，111，112，114-117

权衡理论—3，13，14，78

ST公司—7，9-11，30，42，48，63，82，94-100，102-110，113-117

外部治理—1，2，17，18，22，39，41，57，58，61，62，69，80，81，89

委托代理理论—3，14，15，31，32，91

信息不对称理论—16

债权人代理成本—15

债权人监督—2，7-10，16，19，20，22-24，38-44，47-50，52-64，66-69，
　　71-75，78-81，83，84，86-94，100-102，104，105，108，110，116，
　　118

债权治理—1，18，25，28，32，38，79

债务治理效应—5，7-11，13，14，19-21，25，26，28，32，33，34，40，
　　79，94，118

政府控制—3，5-9，19，30-32，38-40，43-45，47，48，53，56-61，63，
　　64，66-68，73，74，78，79，83，84，86，90，93，100，104，105，
　　108，110，111，114，116